民國歷史與文化研究

七 編

第 3 冊

民國高等學校招生制度研究（下）

肖 黎 明 著

花木蘭文化事業有限公司

國家圖書館出版品預行編目資料

民國高等學校招生制度研究（下）／肖黎明 著 — 初版 — 新
北市：花木蘭文化事業有限公司，2018〔民 107〕
目 2+136 面；19×26 公分
（民國歷史與文化研究 七編；第 3 冊）
ISBN 978-986-485-256-7（精裝）
1. 高等教育 2. 教育制度 3. 入學考試
628.08   107001275

ISBN-978-986-485-256-7

9 789864 852567

民國歷史與文化研究
七 編 第三冊   ISBN：978-986-485-256-7

民國高等學校招生制度研究（下）

作　　者　肖黎明
總 編 輯　杜潔祥
副總編輯　楊嘉樂
編　　輯　許郁翎、王　筑　美術編輯　陳逸婷
出　　版　花木蘭文化事業有限公司
發 行 人　高小娟
聯絡地址　235 新北市中和區中安街七二號十三樓
　　　　　電話：02-2923-1455／傳真：02-2923-1452
網　　址　http://www.huamulan.tw 信箱 hml810518@gmail.com
印　　刷　普羅文化出版廣告事業
初　　版　2018 年 3 月
全書字數　309090 字
定　　價　七編 8 冊（精裝）台幣 15,000 元

民國高等學校招生制度研究（下）

肖黎明　著

目次

第四章　招考與錄取

　　民國高校招考錄取制度，[註1] 不僅包括一些人們熟悉的招考錄取方式及有關規則，更應當包括招考錄取活動的基本程序，因為招考錄取的各項具體規則是建立和依附於各個基本流程和環節之上的，招考程序是各項具體制度有效運行的基礎和軌道，是整個招考錄取制度的核心內容之一。然而，現有的研究論著大多熱衷於探討民國的高校招考錄取方式上面，甚至還停留在發掘和懷念當時的招考「破格」錄取故事層面，鮮有人關注和研究民國高校招考錄取的活動流程和環節中的程序和制度問題。這種對基本程序和關鍵環節有意無意忽視的做法顯然是不可取的，而「破格錄取」故事或招考方式背後的程序和制度顯然更值得研究和借鑒。同時，從理論上說，制度不僅是「一個社會的遊戲規則」、「社會博弈的規則」，還是「一系列被制定出來的規則、守法程序和行為的道德倫理規範」，[註2] 及「要求成員共同遵守的、按一定程序辦事的規則或行動準則，是在一定的歷史條件下形成的政治、經濟、文

〔註 1〕　「招考」一詞可作多種理解，廣義的「招考」有時可代指整個招生活動，此時當然可包含考試、錄取與入學等活動，也可僅指入學之前的考試與錄取階段的活動，狹義的「招考」專門指招生中的考試，則一般不包含錄取過程，本文根據實際需要使用招考一詞的廣義或狹義概念。本節主要以民國高校為中心的報考錄取制度進行討論，凡涉及政府管理制度及學生報考入學制度的內容只作必要的簡單敘述，一般不加詳細討論，有關研究內容請參看相關章節。

〔註 2〕　此三處引文分別出自〔美〕諾斯：《制度、制度變遷與經濟績效》，劉守英譯，上海：三聯書店、上海人民出版社，1994 年版，第 3 頁；北京大學中國經濟研究中心：《經濟學與中國改革》，上海：上海人民出版社，1995 年版，第 2頁；〔美〕諾思：《經濟史中的結構與變遷》，陳郁等譯，上海：三聯書店、上海人民出版社，1994 年版，第 225～226 頁。

化等各方面的體系」。〔註 3〕由此，制度的內容應當明確包含活動的基本流程及實施各種規則的基本程序和關鍵環節。顯然，對合理程序的遵守在很大程度上體現著社會活動的正常秩序和公平正義，而除具體招考活動規則之外的招考流程和關鍵環節恰恰容易為多數招考制度研究者所忽視。

為此，本文專門從高校的角度出發研究民國時期主流高校招考活動基本流程和關鍵環節，並探討相應的高校招考與錄取制度。

第一節　基本流程

公平和正義是文明社會的理性追求，而社會正義的實現離不開闔理的程序及對合理程序的嚴格遵守。難能可貴的是，民國時期，在高校招考錄取活動中，人們在追求實質性公平和正義的同時，還逐漸自發形成了比較合理的招考程序，並通過這些基本活動流程的遵守來促進和實現高校招考錄取的公平和正義。

一、招考程序

招考活動流程是民國高校在長期的招考活動逐漸形成的。後來的高校招考雖然繼承民國時期的大部份程序，但人們對這方面的具體制度內容並不是很清楚，可能是這些活動流程顯得過於平常，以致大家都習以為常的緣故，人們對這些基本流程往往不太重視，相關的研究也很少涉及。而在比較強調程序正義的今天，似乎有必要清點一下這份民國時代留下來的制度遺產。

（一）智慧遺產

一般情況下，在民國高校招生活動中，招考的基本流程為：籌劃招考活動、發布招考信息、接受考生報考、組織招生考試；錄取的基本流程為：擇優錄取合格考生，分發被錄取考生，公佈錄取結果，發放錄取通知書；新生註冊入學的基本流程為：報到、繳費、註冊、選課、審查入學資格及由學校為新生建立學籍檔案等。〔註4〕每個活動流程又包含若干個環節，每個環節還

〔註 3〕辭海編輯委員會：《辭海》（1999 年版縮印本），上海：上海辭書出版社，2000 年 1 月第 1 版，第 523 頁。

〔註 4〕本文以高校開始籌劃招生活動作為高校招考的開端，以賦予被錄取新生正式的學習資格作為招生活動的主要的結束標誌，理由是高校招考新生與求學者

可能包含若干細節，例如組織招生考試這個流程一般包括命題、考試、閱卷與評分等環節，還可能包含試卷的印刷與保管及準備考場與監考等細節。

粗略地看來，如今的高校招生與民國時期非常類似，一般也可以大致分為三個階段：招考、錄取與新生註冊入學，每個階段也可分為若干個流程和環節。這似乎是一件很平常的事，但是，這樣的步驟、流程和環節並不是從來就有的。殊不知，追根溯源，這些招生的階段、流程和環節正是現代大學制度在中國的土地上生根發芽之後，經過民國各高校的長期招考活動實踐才漸漸形成的。事實上，這樣的高校招考基本流程是民國的高校、學生和政府等各種力量經過長期的互動才逐漸成型的，其中無疑凝聚著民國時代前輩們的經驗教訓和歷史智慧。

現有史料表明，民國時期，多數高校認同和採用這樣的基本程序，並大多能在實際的招考活動中較好地遵守和實踐這些流程。1960 年代之後，這套基本流程制度雖然後來曾歷遭革廢，但其中的精華部份和許多內容至今仍在沿用，其生命力可見一斑。

然而，或許是顯得過於普通，今人對於高校招考的一般流程大多習以為常，幾乎無人關注這份民國時期遺留下來的遺產，更沒有多少人去認真研究它。這套基本程序看似簡單，但是它卻具有相當的合理性，並一直在守護著高校招考活動的正常秩序，從而為無數青年學子進入高校學習鋪設了良好的軌道。或許可以說，這套流程和制度就是中國教育領域最重要的一條「高速鐵路」，因為它是溝通高等學校教育與中小學教育的最重要通道，如果能夠得到正常的維護和保養，無疑可以大大降低中國高校招考活動及高等教育乃至整個中國教育的制度成本，同時也能較好地維護社會公平和正義，它對中國高校招考活動的重要性更是不言而喻。

可如今，有些似乎不甘平庸的中國人又一次開始嫌棄這條雖久經考驗但略顯老舊的歷史鐵道，而試圖修建表面看來速度更快的「超高速鐵路」，以達到早出人才或快出大師的目的。這似乎無可厚非，如果新的招生「高速通道」是建築在深厚學理與成熟可靠技術的基礎上，那麼這樣的努力顯然是值得鼓勵的。然而，目前的情形似乎並不是這樣，人們大多只是出於急功近利的目

報考入學都是圍繞正式學習資格的給予或獲取為目標的活動。這裡暫時先討論報考與錄取兩大程序的主要制度內容，新生註冊入學程序及相關制度將在後面的有關章節討論。

的，在沒有嚴密的科學論證的情況下就試圖新建高校招生的「高速通道」以實現所謂的「跨越式」發展。近年來，有些人試圖憑藉一些真偽難辨的民國高校「破格錄取」名人故事來開闢所謂「綠色通道」或「特快專用通道」，以選拔「偏才」、「奇才」或「怪才」，早出人才、早出大師的急切願望非常明顯。然而，民國的高校招生程序性制度遺產中所體現出來的正義和理性卻似乎仍在不斷地提醒人們這樣一個道理：別忘了對這些基本流程和規則保持應有的敬意，因為它們是久經歷史考驗的，也是基本合理的。而合理的程序是合理高校招考制度的重要內容之一，也是維護社會公平和正義的重要基石。

（二）基本流程

那麼，民國高校招考活動中到底有哪些主要的流程和環節呢？這是研究民國高校招生制度必須弄清楚的基本問題之一。

一般來說，民國各高校在招考活動中大致是按照籌劃招考、進行廣告宣傳、接受考生報名、組織招生考試、錄取分發新生等五個基本流程進行的。下面對各個流程的基本內容進行系統梳理。

1. 籌劃招考

自清末開始，有些高校已經開始自行招考並可比較自主地籌劃招考活動了。〔註5〕北京民國政府時期，各高校大多單獨自行招考，在招考之前一般都會事先籌劃招考活動，如制訂招考計劃及招考簡章等。當然，也有例外的情況。例如，與 1905 年原震旦學院離校師生共同創辦復旦公學的經歷相似，1924年 6 月，因發生風潮集體離校的原廈門大學師生在上海創辦了私立大夏大學，因此，大夏大學在正式創辦與開學之前，實際上已經先有了部份學生，然後才成立籌備處商議制訂新的招考計劃。〔註6〕當然，這份招考計劃對於新招考的對象而言，仍然是事先籌劃制訂的。

〔註5〕 清末學部於光緒三十二年（公元 1906 年）規定，由各學堂「自行考試，分別去取」。參見《奏定大學堂章程》考錄入學章第三，舒新城編《中國近代教育史資料》中冊，人民教育出版社，1961 年版，第 624 頁。民國成立之初，政府和高校繼承了清末在教育制度方面的不少遺產，並通令各省要求「在現高等以上學校規程尚未頒佈，應暫照舊章辦理」（《教育雜誌》第 3 卷第 11 期，記事 79 頁）。

〔註6〕 詳細情況參見《大夏大學一覽》大事記，1928 年版，著者及出版地不詳，第 1 頁。洪永宏：《廈門大學校史：1921～1949 第 1 卷》，廈門：廈門大學出版社，1990 年版，第 47～50 頁。

　　由於中央政府沒有統一組織和規劃，各高校當然必須自行制訂招考計劃及招考簡章，這種做法本來是各高校招生的實際需要，後來漸漸成爲慣例。以南京高等師範學校爲例，在首次招考女生之前，曾專門成立了招收女生委員會，1920 年 4 月 7 日，南高師第十次校務會議專門討論通過了「兼收女生」的提案，決定當年暑期正式招收女學生，並議決由招收女生委員會負責草擬下學年兼收女生的詳細辦法，同時開展女生被錄取入學後的生活設施及日常管理等方面的籌劃工作。而事實上，在正式成立招收女生委員會之前一年，南高師還特別設立了招收女生研究委員會，對招考女生的準備工作進行的專門研究，該委員會以劉伯明爲主任，陶知行（陶行知）等 6 人爲委員。〔註 7〕由此可見，當時南高師招考女生的籌劃和準備工作是相當周全的。

　　下面的例子則可以反映民國大學在制訂招考簡章時的大致情況。1918 年 5 月 1 日，《北京大學日刊》登載了理科學長夏元瑮草擬的夏季招生簡章，及致各學長，各教授會主任、庶務主任徵求意見的公開函。這份《北京大學預科招考簡章》共 15 條，內容包括本校現設各科門、本預科畢業年限、本年招考科門、投考者條件、入學考試及程度、學費、入學手續、報名時間及地點、錄取公佈方法等項。〔註 8〕可見，制定招考簡章對於民國高校招考來說，也是相當重要的準備工作。正是通過向校內各科教授及有關專業人員徵求意見的方式，民國各高校才逐漸形成了比較合理的招考簡章和錄取規則，這樣形成的招考簡章才能比較合理地反映本校各專業的招考要求，從而有利於各高校招收到符合本校培養目標、專業特色及個性色彩的新生。

　　因此，招考計劃籌備階段實際上可能包含制訂招考計劃、擬定招考簡章及成立有關的招考機構及確定參與招考工作的人事安排等重要環節。

　　後來，到了南京國民政府時期，教育部曾明文規定，要求各高校必須提前三個月制訂招考計劃及招考簡章。〔註 9〕由於中央政府的干預、管理和調控，原先的各高校自行制訂招考計劃的制度後來逐漸演變成爲中央統一計劃

〔註 7〕　《南京高等師範學校各委員會名單》（1919 年），《南高師第十次校務委員會討論招收女生案》（1920 年 4 月 7 日），本書編輯組：《南大百年實錄·中央大學史料選（上卷）》，南京：南京大學出版社，2002 年 5 月第 1 版，第 66～67，86～87 頁。

〔註 8〕　王學珍等：《北京大學紀事（1898～1997）》（上冊），北京：北京大學出版社，1998 年版，第 48 頁。

〔註 9〕　《專科以上學校學生學籍規則》，《教育通訊旬刊》1942 年第 9 期；教育部：《教育法令》，中華書局，1947 年 5 月版，第 162～164 頁。

招考制度，還一度成立了全國統一的招生委員會等招考機構。但是，必須指出的是，當時無論是在制訂招考計劃還是招考機構的組織方面，各高校仍然大多居於主體地位，全國統一招生委員會並沒有完全取代各高校的計劃與組織工作。

2. 廣告宣傳

民國高校在制訂招考計劃後，一般會公開發布招考簡章和有關招考信息，並進行廣告宣傳。當然，這也是沿襲清末的做法。〔註 10〕民國高校發布招考信息的方式除在校內張貼招生告示外，還經常在報刊雜誌上刊登招考簡章或招生廣告。同時，民國時期的教育部常常通過政府部門的行政渠道專門向各省發布國立大學招考的信息，如，1913 年 1 月 12 日，教育部電飭各省：「北京大學本年八月開文理法商農工各科新班，四月間開辦預科新班，請飭合格學生志願入學者，向本省教育司報名，等候赴考」。〔註 11〕

北京民國政府時期的《政府公報》也經常刊載北京大學的招考簡章和招生廣告。例如，1913 年 2 月 23 日，《政府公報》載北京大學校預科招生廣告：「本校擬添招新生 160 名，文法商科第一類 80 名，理工農科第二類 80 名，三月初六在北京、上海、武昌三處同時舉行試驗」。〔註 12〕1917 年 6 月 4 日，《政府公報》刊出北京大學的招考簡章，包括該校現設科門及本年招生科門、預科及本科畢業年限、報考資格、各科入學試驗科目及程度、學費及寄宿舍費、入學手續及必備證件與保證書、報名考試日期及地點等內容。〔註 13〕又如，嶺南大學也在招生宣傳手冊中提醒投考者注意參看「本校登載省港各報之招生廣告」。〔註 14〕

〔註 10〕 早在晚清時期，在中國開辦的教會大學就開始在報刊上登載招生廣告，最早的高校招生廣告可以追溯到 1880 年代，如聖約翰書院在 1880 年 2 月 3 日的《申報》上刊登的《聖約翰書院告白》。

〔註 11〕 王學珍等：《北京大學紀事（1898～1997）》（上冊），北京大學出版社，1998 版，第 31 頁。

〔註 12〕 王學珍等：《北京大學紀事（1898～1997）》（上冊），北京大學出版社，1998 版，第 31 頁。

〔註 13〕 王學珍等：《北京大學紀事（1898～1997）》（上冊），北京大學出版社，1998 版，第 38 頁。

〔註 14〕 《私立嶺南大學一覽》，廣州：私立嶺南大學印行，1932 年 3 月出版，第 82 頁。

　　當然，也有的高校會將招考簡章寄送至各地政府及其教育行政機關或中等學校。例如，五四運動期間，1919 年 5 月 7 日，北京大學校長蔡元培咨文各省區，「請代發布本校所寄招生簡章」。〔註 15〕又如，廈門大學曾於 1931 年將招生簡章寄至廣東省教育廳，同時函請其代辦招生報名事宜並獲准。〔註 16〕

　　有趣的是，據說 1928 年暑假羅家倫剛任清華大學校長時，本來沒有招考女生的計劃，但由於他「獨斷專行」地在招考簡章上加了「男女兼收」四個字，從此便開啓了清華大學招考女生的歷史。〔註 17〕

　　對此，馮友蘭也回憶道：

> 例如開放女禁的問題。清華那時候還不收女生，這個問題如果要跟有關部門商量，那就可能無休止地討論下去；不商量是可以馬上就辦的。於是就用不商量的辦法，只需要在招生簡章上加上四個字「男女兼收」就行了。當時就用這種快刀斬亂麻的辦法，在招生簡章上加上這四個字。另外騰出一所房子（古月堂）作爲女生宿舍，事情就辦了。〔註 18〕

除了招生簡章和廣告之外，民國時期的高校一般會編印發行諸如《XX 大學一覽》或《XX 大學概覽》之類的手冊，其內容包括本校簡史和現況、學校建築面貌與教學施設、各學院、專業與課程概況、主要教授及其學術成就等內容，當然少不了報考簡章或入學規則之類的各類規章，這也是發布招考信息及擴大宣傳的一種重要方式。與招考簡章一樣，有興趣投考者可以去函向各高校索取。如《私立嶺南大學一覽》在顯著位置標明：「下列刊物，函索即寄」，列出的刊物有該校一覽、招生簡章、投考報名書、轉學報名書、英文章程及該校內出版的各種報刊雜誌，共計 10 種。〔註 19〕同時，有些高校出版發行的刊物也會專門刊出與招生有關的文章，以引導新生報考入學，如清華大學的《清華週刊》就曾出專輯嚮導專號或開闢專欄介紹錄取標準及入學試題等內容。

〔註 15〕王學珍等：《北京大學紀事（1898～1997）》（上冊），北京大學出版社，1998 版，第 60 頁。

〔註 16〕《廣東省政府公報》，1931 年第 155～156 期合刊。

〔註 17〕羅久芳口述，李菁整理：《三十一歲的清華大學校長——憶我的父親羅家倫》，《文史博覽》2007 年第 1 期，第 15 頁。

〔註 18〕馮友蘭：《三松堂自序》，《三松堂全集》第一卷，鄭州：河南人民出版社，2001 年 1 月版，第 283 頁。

〔註 19〕《私立嶺南大學一覽》，廣州：私立嶺南大學印行，1932 年 3 月出版，扉頁。

3. 接受報考

如果有學生在得知招考信息後前來投考，那麼，民國高校接下來就會接受考生的報名與投考，當然，有些高校在招考外地新生時，一般也會通過地方官府機構代理報考。這個流程一般包括高校負責招考的有關部門組織投考者填寫各種與報考有關的表格，並收納有關材料，同時審查其有關學歷及身份證明文件，經審查合格後收取一定的報名費或考試費，然後發給准考證。准考證一般會注明參加招考考試的時間、地點和應考科目及相關要求。當然，在細節方面，不同學校的具體做法可能會有所不同，例如，根據嶺南大學1932年的規定，在接受考生報名時，考生須先到註冊處索取報名書，填好後交回，並到學校的南大銀行繳納報名費大洋二元，同時，須繳畢業或修業證書及學業成績表、學力及操行介紹書，曾實習物理學、化學和生物學等科者，還須繳交實習筆記。〔註20〕

可見，此階段主要包含組織投考者報名（包括填寫簡歷與報考志願等）、審查報考資格（查驗學歷及有關證件）、收取報考費和有關材料及發放准考證等環節。

4. 組織考試

民國高校在接受投考者報名之後就會組織招生考試。這個階段一般包括負責招考的機構組織有關人員進行命題，然後組織投考者參加招生考試，考試完畢之後，就會組織有關人員進行閱卷與評分環節的工作。在1937年之前，民國各高校都是單獨自行招考，各校當然必須自行組織命題、考試、閱卷與評分等工作。

下面這段文字描述了 1930 年代初北京大學的閱卷和評分環節的工作情況：

> 看考卷判分，密封，看字不知人，對錯有標準，自然用不著什麼新奇花樣。只是有一種不好辦，就是國文卷的作文，仁者見仁，智者見智，且不說準確，連公平也不容易做到。趙憩之（蔭棠）先生有一次告訴我，三十年代某一年招考，看國文考卷有他，閱卷將開始，胡適提議，大家的評分標準要協調一下。辦法是隨便拿出一份考卷，每人把其中的作文看一遍，然後把評分寫在紙條上，最後

〔註20〕 《私立嶺南大學一覽》，廣州：私立嶺南大學印行，1932 年 3 月出版，第 82 頁。

把所有紙條的評分平均一下，算作標準。試一份，評分相差很多，
高的七八十，少的四五十，平均，得六十多，即以此爲標準，分頭
閱卷。其實，我想，就是這樣協調一下也還是難於公平準確。慣於
寬的下不了許多，慣於嚴的上不了許多，考卷鹿死誰手，只好碰運
氣。〔註21〕

1937 年夏，浙江大學、北京大學、清華大學、武漢大學、中央大學等國立高
校開始嘗試實行招生聯考制度，由各校聯合組織的招考委員會組織命題、閱
卷與評分工作；〔註22〕1938 年，教育部組織國立高校統一招考，命題、閱卷
與評分等工作分考區進行，由各該考區招生委員會統一組織；1939 年，開始
由全國統一招生委員會統一組織命題、閱卷與評分工作。1941 年後，公立高
校統一招考取消，教育部不再統一組織招考命題、閱卷與評分等工作，恢復
由各高校自行組織或聯合組織招考。

可見，無論是單獨自行招考還是聯合招考或統一招考，此流程都包含組
織命題、考試及閱卷與評分等環節。

5. 錄取分發

在上述命題、考試、閱卷與評分工作結束之後，民國高校負責招考的人
員一般會根據考試成績並綜合其他各方面的情況擇優錄取合格考生，然後在
學校或報刊雜誌上公告被錄取人員名單，並通過某種方式書面通知被錄取的
考生，即發放錄取通知書。可見，錄取階段實際上包含擇優錄取合格考生、
公示被錄取者名單與發放錄取通知書等環節。當然，在抗日戰爭時期實行聯
合招考或統一招考期間，錄取階段還包括分發的環節，即按成績從高到低排
名，並根據招生計劃將合格考生錄取並分發至考生志願所在的學校、學院或
專業。

學者張中行曾撰文回憶 1930 年代初北京大學錄取新生的情景：

幾門考卷評分都完，以後就又鐵面無私了：幾個數相加，取其
和。然後是由多到少排個隊，比如由四百分起，到二百分止。本年

〔註21〕張中行：《負暄瑣話》，哈爾濱：黑龍江人民出版社，1986 年 9 月第 1 版，第
97 頁。
〔註22〕1937 年春，本來商議由國立中央大學、浙江大學等五校聯合招考新生，但後
來因故未能實行，改爲南方由國立中央大學、浙江大學與武漢大學三校聯合
招考，而北方則由北京大學與清華大學兩校聯考招生。見《北平晨報》，1937
年 4 月 23 日，5 月 16 日；《京報》，1937 年 5 月 25 日。

取多少人是定好了的，比如二百八十人，那就從排頭往下數，數到二百八十，算錄取，二百八十一以下不要。排隊，錄取，寫榜，多在第二院（理學院）西路大學辦公處那個圓頂大屋裏進行，因爲木已成舟，也就不再保密，是有人唱名有人寫。〔註23〕

1934 年夏，張充和參加了北京大學的招生考試，她的國文考了滿分，數學考零分，以致後來有人在校刊上寫打油詩嘲笑她數學考「雞蛋」，但北京大學考試委員會卻堅持「破格」錄取了的這位國文成績優異的女生，下面的記述大致描繪了當時的錄取經過：

委員會中的資深學者希望北大能錄取這樣的學生，但是考試規則明確規定了，考生如果有一門課是零分，就不能被錄取。於是考試委員會向批改充和數學卷子的助教施壓，要求他重新審核試卷，看看能不能給她幾分。助教重改了試卷，還是只能給零分。最後，委員會只好自己想辦法，強行讓充和通過。（幾年後，充和跟改卷子的老師結識並成了朋友。他們常常拿一九三四年夏的那場考試來開玩笑，爭論其中的是非曲直，兩個人都覺得自己是勝利的一方，並爲此沾沾自喜。）

充和進入北大的過程如此特別，以至於當地報紙在大學新聞欄中做了專題報導。不過報導中稱這位學生的名字爲「張旋」，那是充和報考時用的假名。她不想讓別人從眞名聯想到姐姐兆和以及姐夫沈從文。因爲當時沈從文已經是著名作家，招考的老師中很多人和沈從文相識，或者是讀過他的作品，充和擔心自己和沈從文的關係會讓他們對她偏心。同時，這一舉動也是充和的自我防護及保護家庭的措施，以防萬一考試失敗，不致讓家人和自己蒙羞。她弟弟宗和有個朋友在寧夏當校長，這個人爲「張旋」開了一張高中文憑。

除了充和之外，北大中文系當年只錄取了一個女生，不過考入理學院、法學院和教育系的女生卻不少。在沈從文追求張兆和的過程中演出過角色的胡適，此時是北大中文系的主任。〔註24〕

〔註23〕張中行：《負暄瑣話》，哈爾濱：黑龍江人民出版社，1986 年 9 月第 1 版，第 97 頁。
〔註24〕金安平：《合肥四姐妹》，凌雲嵐等譯，北京：生活·讀書·新知三聯書店，2007 年 12 月第 1 版，第 296～297 頁。

在錄取或分發合格新生的工作結束之後，高校的招考錄取工作基本結束。

因此，透過民國時期高校招生活動的具體事例，同時結合有關招考制度和規定，不難發現，在長期的民國高校招考活動中，逐漸形成了從籌劃招考到發布招考信息、從接受報考到組織考試、從閱卷評分再到擇優錄取合格考生的一整套相對比較穩定的程序。

當然，以上是民國時期正規辦學的高校在招考錄取活動中的一般流程，由於民國多數時期由各高校單獨自行招考新生，可能會出現個別比較特別的程序和做法，如有的民國高校在招考錄取新生時一般會組織考生進行體格檢查，有的高校將體檢環節放在報考階段進行，有的則放在錄取階段或新生入學後進行，還有的甚至將體檢當作入學考試的一部份。〔註 25〕但是，從總的情況來看，無論是公立高校還是私立高校（包括教會高校），其招生活動大致離不開上述正常的招考錄取程序。因為，以上基本流程與環節是在民國高校招考錄取活動中經過各種力量長期反覆的博弈才逐漸形成的，這樣一種相對比較穩定的招考錄取程序顯然並不是由民國政府專門頒佈法令明確規定的，而是各高校在招考新生活動的實踐中自發形成的秩序，並為民國政府和絕大多數高校及社會公眾所接受。在正常情況下，多數民國高校，都會遵循這樣的招考程序以維護基本的公平和正義。

從現有史料來看，在沒有特別規定的前提下，民國各高校，特別是公立高校，一般都會按照這樣的正常程序招考錄取新生，違反正常招考程序的情況非常少見。從程序正義的角度來看，即使當年錢鍾書與吳晗等人「破格錄取」的軼事是事實，有關的當事人也沒有違背正常的招考錄取程序。因為，故事中的被錄取者顯然也同樣與其他考生一樣，必須遵循正常的招考錄取程序，在幾乎所有的基本流程完成之後，由於某個科目考得成績太差，在決定錄取與否的最後環節，才由校方綜合權衡之後決定錄取的。也就是說，在被所謂「破格錄取」之前，故事中的名人與其他考生相比，是沒有任何競爭優勢可言的。而且，即使校方最後真的「破格錄取」了某名考生，那也是校方的自主權，仍然在正常的程序、情理和規則之中，既不違法，也不違規。因此，那些盛傳的「破格錄取」做法，事實上既不違反程序，又不違反規則，這可能與後人理解的「破格錄取」相距甚遠，更不是像某些人理解並試圖傚

〔註25〕例如，私立廈門大學就是將體檢當作入學試驗的重要組成部份。參見《廈門大學一覽》（1931 至 1932 年度），廈門：廈門大學印刷所印，第 48 頁。

仿民國制度而實施的某些「自主招生」做法那樣，專門爲所謂的「特長生」開闢專用的「綠色通道」，或在正常的程序之外特別照顧事先就被認定爲「奇才」、「偏才」或「怪才」的考生，使他們在正常招考錄取程序開展之前就獲得了比普通考生更多的關注、肯定和相當大的競爭優勢。相反，如果民國時期的高校招考眞是像今天一般人所理解的那樣，就可眞的叫做「亂了套」，胡適們一定會說，這不是「破格」，而是「亂套」，不是「破格錄取」，而是「破壞程序」，是「踐踏正義」，當然也違背了良知。

上述民國高校招考錄取活動的基本流程雖然看似簡單，但卻融合了清末傳統、國外慣例與民國的長期實踐，這些基本的招考流程已經具有相當的合理性，後來也爲大陸和臺灣等地的中國高校招考活動所繼承，民國時期留下的這份遺產雖歷經變革，但基本的程序仍然得以保留，基本的流程和環節大多流傳沿用至今，其適應性和生命力可見一斑。因此，如果今天的高校招生改革試圖從民國吸取有益的經驗，那麼，明智的做法顯然不是去破壞甚至顛倒正常的招考錄取程度，在正常的招考錄取活動流程開展之前，就給予少數考生特別的權利和優勢，那樣做對多數考生來說是不公平的，這種眞正屬於「亂套」的做法肯定是不合理的。對於公立高校來說，這樣的做法更是違背程序正義和社會公平。即使是私立高校，如果沒有事先特別的規定，就隨意違反正常的招考程序，也可能有破壞公平競爭秩序之嫌。事實上，中華人民共和國的歷史似乎早已告訴人們，違背正常的程序和軌道，離開這條正常的康莊大道，而試圖復辟使用「專用車道」的特權制度，或另建其他「超高速鐵道」，有時用意也許不錯，但最終可能會出大問題的。

畢竟，在一個文明的法治社會裏，合理的程序應當受到應有的重視，因爲注重程序正義往往可以更好地促進實質正義的實現，從而從根本上維護社會公平。正是從這個意義上說，程序不是萬能的，但違背合理程序的招生是萬萬不能的。當然，必須警惕的是，在維護合理程序的同時，也應當防止既得利益集團以維護程序正義爲藉口，繼續堅持現行程序和制度中某些不合理的部份。

二、程序正義

在民國高校招考活動中，雖然一些具體的招考制度，如考試方式及錄取標準等方面往往有所變化，在不同的時期，也分別實行過單獨招考、聯合招

考及統一招考等制度，但在招考的基本流程方面，卻沒有多大的變化，而且，基本的招考程序在成型並穩定之後，一直受到民國各高校及社會各界的普遍尊重。因爲，在當時的多數有識之士看來，高校招考可謂國家的「掄才大典」，任何人想上大學都必須通過正常的招考錄取程序，基本的程序必須遵守，在不違反公平公正原則的提前下，某些具體規則或許可以變通，但最基本的程序是絕對不能含糊的，否則就是眞正的「亂套」，這可以說是民國高校在招考活動中形成的普遍共識。下面的事例體現了民國時期的制度設計者和實施者在高校招考活動中對程序正義的執著追求。

1. 吳晗當年考北大清華：「掄才大典」沒有「破格」「亂套」

眾所周知，吳晗曾經是一位研究歷史的學者。但是，一直以來，他本人當年考北大與清華的歷史卻有些模糊不清，特別是關於他數學考零分但仍被清華大學「破格錄取」的故事至今成爲人們津津樂道的「佳話」，甚至吳晗本人也曾一度認可這種說法。〔註 26〕而據有關史料及有關知情人的回憶，事實的眞相與「破格錄取」的佳話故事似乎大相徑庭。

下面從吳晗與胡適的早期交往入手逐步還原他當年考大學的歷史眞相，同時探討有關當事人和有關高校對招生程序正義的認識和遵守情況。

（1）胡適對吳晗的賞識和器重

1927 年夏，吳晗考入杭州之江大學，一年後該校停辦；1928 年夏，吳晗考入中國公學大學部，在慕名選修文化名人胡適開的「中國文化」大課後，開始崇拜胡適，而他在文史方面的不俗表現也深得胡適的賞識。1930 年 5 月，胡適離開上海公學重返北大，後又出任文學院院長；吳晗也隨後（8 月）來到北京並繼續追隨胡適研究文史，很快便有獨到的發現並寫出了《胡應麟年譜》一書，從此，胡適對吳晗的學術表現更是讚譽有加。〔註27〕可見，1930 年代初，在吳晗考北大清華之前，胡適對吳晗就已經相當器重，這是人們公認的事實。

〔註 26〕在一篇經過整理的採訪稿中，吳晗談到：「最初考燕京大學，因英文不行沒考上。第二年，又去考北京大學，論文史成績在考生中數我最好，但數學我卻考了零分。後來清華大學破例收我作插班生，我進了史學系二年級。」值得注意的是，吳晗自己用的是「破例」，而非「破格」。楊德華：《吳晗談研究歷史》，蘇雙碧：《吳晗自傳書信文集》，北京：中國人事出版社，1993 年 12 月版，第 222 頁。

〔註 27〕蘇雙碧：《吳晗自傳書信文集》，北京：中國人事出版社，1993 年 12 月版，第 4 頁；及蘇雙碧、王宏志《吳晗傳》，北京：北京出版社，1984 年版，第 11～19，347～348 頁。

（2）胡適拒幫吳晗免考入北大

吳晗到北京後，曾想通過轉學進入燕京大學學習，但因他在中國公學的英文成績僅爲「C」等，離燕京大學的要求甚遠而被拒絕。〔註 28〕後來，他通過熟人的關係在燕京大學圖書館謀得一份職業。不久，吳晗又努力想考進北京大學，遂辭掉在燕京大學圖書館的工作，專心複習備考，但因自己數學太差，仍然非常擔心考不上，〔註 29〕於是就想到請胡適幫忙。然而，當吳晗請胡適設法幫他免試進入北大學習時，胡適當場立即回絕他說：「入學考試，是國家掄取人才的大典，不得徇私」；隨後胡適只是建議他遵照正常的招考程序參加北京大學的招生入學考試，並說：「你考入北大後，費用我可以幫助」。〔註 30〕顯然，胡適的言下之意就是：「雖然你是個文史方面的可造之才，但也必須憑自己的本事按正常的程序考進北大，想靠我胡適的關係進北大，沒門；當然，考上之後要我幫忙，則沒有任何問題」。也許，在今人看來，胡適當時在北京大學任職，〔註 31〕聲望也足夠高，如要像後人想像的那樣出面讓北大「破格錄取」吳晗，恐怕也不是絕對辦不到的事。因爲，當時，北大完全有破格錄取新生的招生自主權，更何況，吳晗實際上之前曾考入之江大學，後又在中國公學念過本科一年級，他只是想請胡適幫忙設法讓他轉學而已，只因害怕自己的數學實在太差難以通過轉學考試才讓胡適幫忙。這在吳晗看來也許不算是違反北大招考大學一年級新生的制度，因爲像他這種情況按正常轉學處理在當時也不算是特別奇怪的事。而人們也一直盛傳，早在 14 年之前，即 1917 年，初出茅廬的胡適就曾說服北大入學考試委員會錄取數學考零分的羅家倫，〔註 32〕如今的吳晗

〔註 28〕 千家駒：《緬懷吳晗同志》，北京市歷史學會：《吳晗紀念文集》，北京：北京出版社，1984 年 9 月版，第 64 頁。

〔註 29〕 蘇雙碧：《吳晗自傳書信文集》，北京：中國人事出版社，1993 年 12 月版，第 71 頁。

〔註 30〕 據羅爾綱說，吳晗與胡適在北京見面時第一句話便是要求胡適讓他免考進入北京大學二年級。羅爾綱：《胡適對吳晗的栽培》，《師門五年記·胡適瑣記》（增補本），北京：三聯書店 1998 年 7 月版，第 158 頁。

〔註 31〕 胡適當時雖然只是北大的兼職教授，且於 1932 年 2 月 15 日才正式接任文學院院長，但因其與校長蔣夢麟關係非常密切，實際影響力要遠遠超過一名院長。林齊模等：《胡適出任北京大學文學院院長的經過》，《安慶師範學院學報（社會科學版）》2009 年第 1 期，第 53～57 頁。

〔註 32〕 羅家倫被胡適等人「破格錄取」的故事可參見齊全勝：《復旦逸事》，瀋陽：遼海出版社，1998 年 9 月版，第 228～229 頁；及嚴敏傑等：《北大新語：百年北大的經典語錄》，北京：中國廣電視出版社，2007 年版，第 57 頁。

也是數學考零分,而且文史極佳,可能比當年羅家倫的條件還要好些,當年羅家倫只是作文被胡適判了滿分而已,如今名滿天下的胡適說話自然更加有份量,再當一回伯樂似乎也是順理成章且毫不奇怪的事。然而,此一時,彼一時,這一回似乎真的不同了。胡適雖然有心再次當伯樂,但有人回憶,因為北大新的制度規定:「單科成績為零分或過低者不予錄取」,〔註33〕胡適毫不含糊地立馬拒絕了吳晗提出的免考入學北大的要求,並建議他參加正常的入學考試,這是顯然是出於對程序的尊重。隨後,在吳晗數學考零分之後,胡適也沒有採取任何行動以幫助吳晗成為北大的正式生,這當然是出於對新規則的尊重。因此,雖然吳晗非常想進入北大學習,他在北大的「關係」也夠「硬」,但終因素學成績太差而沒有被北京大學錄取。可見,在程序和規則面前,當時的胡適「斷然拒絕」了吳晗,的確沒有徇私情讓這位文史優異的得意弟子進入北大讀書,表現出一位學者「忠於職守,絕不徇私」的良好道德品質。〔註34〕

（3）清華當年錄取吳晗並非「破格」

於是,在數學考零分及自己所崇拜的學術導師胡適又不願「幫忙」的情況下,吳晗只得懷著有些不太情願的矛盾心情進入清華大學當了二年級的插班生。因此,吳晗雖然考上了清華,但卻並不高興,反而「處於極端為難進退狼狽之地位」。〔註35〕當然,清華大學也不是像人們傳說的那樣「破格錄取」數學考零分的吳晗,因為吳晗當時參加清華大學轉學生入學考試時根本不需要考數學這一科,清華大學也完全是按照正常程序錄取吳晗的。而吳晗當年在報考北大的同時又報考清華的主要原因可能就是「清華不考數學」,〔註36〕於是,在被燕京大學拒絕之後,他估計考北大時數學這一關可能過不了,同

〔註33〕 此規定引自羅爾綱等人的回憶,但經查,尚未發現北京大學當年入學考試規則中有此明文規定,這應當是北大當時錄取制度的必然要求。因為,北大錄取時是按總分排名先後來錄取合格新生的,當時報考北京大學的考生人數較多,且錄取率非常低,單科成績太差或為零分者,其總分自然落後,除非有不止一科得分接近滿分,否則,即使沒有這條規定恐怕也難以被錄取。《國立北京大學入學考試規則》,《北京大學日刊》第 2423 號,1930 年 5 月 30 日。

〔註34〕 羅爾綱:《胡適對吳晗的栽培》,《師門五年記·胡適瑣記》(增補本),北京:三聯書店 1998 年 7 月版,第 161 頁。

〔註35〕 吳晗:《致楊志冰》(1931 年 8 月 8 日),蘇雙碧:《吳晗自傳書信文集》,第 54 頁。

〔註36〕 羅爾綱:《胡適對吳晗的栽培》,《師門五年記·胡適瑣記》(增補本),北京:三聯書店 1998 年 7 月版,第 158 頁。

時又報考了清華。因此，史實表明，吳晗當年進入清華大學時既不是數學考零分，也不是被「破格錄取」的。〔註37〕

由此可見，根據有關史實，在當年吳晗考北大清華的過程中，吳晗、胡適、北京大學及清華大學，都是在既定的程序和規則下行事的。吳晗雖然非常想進北大，但也不敢公然破壞北大招考一年級新生的程序和規定，因此當年吳晗無法通過胡適的關係獲取北京大學正式生的入學資格；當然，胡適也沒有違背招考程序爲吳晗這個具有文史特長的優秀人才開後門，北大也沒有破壞制度錄取數學才考零分的吳晗；而清華大學雖然錄取了吳晗，但是根本沒有違反正常程序和任何規則，沒有絲毫的「破格」，更沒有「亂套」。這一事例無疑生動地折射出了民國高校招考活動中的程序正義之光。

2. 民國大學招考的程序正義：空襲與黑暗也無法動搖的信念

抗日戰爭爆發後，在 1938 至 1940 年期間，南京國民政府教育部組織公立高校統一招考，給廣大青年學子帶來了戰時仍可正常升學的希望。各校單獨招考時尚能嚴格遵守基本的程序，在教育部的統一組織下，各校當然更能夠遵守政府規定的基本招考程序，統一招考制度體現的程序正義自不待言。而爲了獲得接受高等教育的機會，廣大考生也樂於參加由政府統一組織的公立高校招生考試，有的考生甚至在日寇的空襲中喪生，可惜他們沒料到，爲考大學實現上大學的夢想，竟然付出了生命的代價。〔註38〕

〔註37〕 當然，除了知情者的回憶之外，還有兩項最關鍵的證據：一是當年《國立清華大學本科招考簡章》規定從其他學校轉入清華大學歷史學系插班生入學考試科目中，五門必考科目中沒有數學這一科，第六門爲選考科目，其中也沒有數學（《清華週刊》第 35 卷（嚮導專號），第 11～12 期，1936 年 6 月 1 日，第 191 頁）；二是吳晗在給友人的信中曾列出當年他的考試科目，只有黨義、國文、英文、中國通史、西洋通史及論理學六門，他選考的科目是論理學（吳晗：《致楊志冰》（1931 年 8 月 8 日），蘇雙碧：《吳晗自傳書信文集》第 54 頁）。因此，傳說中吳晗雖然數學考零分但也被清華大學「破格錄取」的故事是不可靠的。參見劉惠莉《「吳晗『數學考零分、破格進清華』」說辨析》，《清華大學學報（哲學社會科學版)》，2010 年第 4 期。第 154～158 頁；蘇雙碧：《吳晗自傳書信文集》，北京：中國人事出版社，1993 年 12 月版，第 4 頁；及蘇雙碧、王宏志：《吳晗傳》，北京：北京出版社，1984 年版，第 11～19，347～348 頁。

〔註38〕 例如，1938 年 9 月 28 日，在日機對雲南的首次空襲中，就有兩名從華北到昆明準備參加西南聯大入學考試的外省同學被炸身亡。劉培育：《金岳霖的回憶與回憶金岳霖》，成都：四川教育出版社，1995 年版，第 107 頁。

即使在抗日戰爭最危急的時期，雖然沒有政府的統一組織，但民國各高校也大多能夠遵守基本的程序和規則。例如，1941 年暑期，廈門大學在江西泰和招考，就完全是按照通行與既定的程序和規則進行的。當時，泰和是江西省政府所在地，常常有日寇飛機空襲。但即使面臨這樣的危險，廈門大學仍堅持按期舉行招生入學考試，共考五科，結果在最後一天考物理時，考試進行到一個半小時左右，空襲警報突然響起，於是各位考生只得立即停止考試，將未答完的考卷放在考場桌上，然後緊急疏散。按照事先的規定，若空襲警報來臨時考試時間過半（即一個小時以上），則該科「考試有效，不再重考」。〔註 39〕

1942 年 7 月初，在西南聯大、中央大學與四川大學等校在重慶聯合招考，考試舉行之前 20 天，便有傳聞日寇電臺廣播將在大學招考期間對重慶進行大轟炸，但到了考期，當時的重慶沙坪壩小鎮上，仍然聚集了三萬多名考生按時參加考試。而為了盡量避開日寇的大轟炸時間，招考處臨時布告將每日第一堂考試時間定在凌晨三點。第一天考試開始時，由於實行燈火管制，當時設在重慶大學禮堂的考場內是一片漆黑，考生只能點燃自備的蠟燭答題，不少來不及準備蠟燭的考生只能借他人微弱的燭光勉強作答，或看清題目後先苦思冥想，然後坐等東方發白時再急就成章。一位親歷者回憶說，這樣的入學考試經歷讓許多考生深刻地體會到古人「囊螢照讀」與「鑿壁偷光」的士途艱辛。〔註 40〕

可見，即使是在最艱難的戰爭環境中，民國時期的高校仍能堅持按照正常的程序招考新生，民國政府除了統一組織並提供服務之外，一般沒有強力干預或破壞正常的高校招考秩序，廣大考生也能較好地遵守正常的秩序和規則。而由於沒有「亂套」，廣大學子也往往能夠在程序正義之光的照耀下憑藉自己的學業成績實現考入大學的夢想。

因此，正常情況下，高校招考應當尊重公認合理的基本程序，當然，可以在遵守正常程序的前提下破例給予個別偏科嚴重但確有特長的考生「試讀」的機會（一般也不給正式生的資格，「破格錄取」的說法有時並不準確），〔註 41〕

〔註 39〕 王豪傑：《南強記憶：老廈大的故事》，廈門大學出版社，2009 年版，第 160 ～162 頁。

〔註 40〕 張懷瑾：《聯大歲月拾零（一）》，載西南聯大北京校友會：《西南聯大北京校友會簡訊》第 40 期，2006 年 9 月，第 28 頁。

〔註 41〕 如北大招收張充和與葉曼等人為「試讀生」，給予試讀或旁聽的學習機會，這是當時通行的做法，嚴格地說，這樣做當然也不能算是「破格錄取」。

但是，在除了給予個別經過嚴格考察和審核的「承認學校」若干名保送生名額之外，對其他考生一般不搞「簡易程序」或「特殊程序」，注重程序正義，這幾乎是民國高校在招考活動中的普遍共識。這其實就類似於當年人們提倡「費厄潑賴」（Fair Play）的體育競技和公平競爭的理性精神。正如在一場百米短跑競賽之前，無論某位參賽選手的腿有多長，爆發力有多好，耐力有多強，也無論有多少人曾稱讚過他的短跑天賦，但也很難說他就一定能贏得現在這場比賽，恐怕要到比賽結束時大家才知道他到底是不是貨真價實的短跑天才，或者還有沒有比他更優秀的超級天才。1928 年 9 月，羅家倫在國立清華大學校長就職典禮上說：「我希望此後要做到沒有一個不經過嚴格考試而進清華的學生；也沒有一個不經過充分訓練，不經過嚴格考試，而在清華畢業的學生。」〔註 42〕這番話不僅體現了民國教育家對大學招考新生與培養人才的嚴格要求，具有「嚴進嚴出」的高標準辦學精神，同時也體現了當時人們對尊重招考程序的正義追求。

由此，從上面的事例中不難得出這樣一個初步結論：尊重合理的程序是民國時期的人們對於高校招考的普遍共識，「程序不是萬能的，但不按程序招生是萬萬不能的」。因此，可以說，程序正義是民國高校招考制度的重要基石。如果說民國時期的現代大學給後人留有遺產的話，這種尊重程序正義的精神及相應的制度正是最重要的內容之一。

第二節　關鍵環節

制度是在有關各方力量反覆博弈中逐漸形成的遊戲規則。一般情況下，只有在各方力量比較均衡的情況下才能形成比較合理的遊戲規則，否則，如果沒有政府的合理調節，有些規則往往會對弱勢群體不利，同樣，如果政府的調節不合理，也可能給弱勢群體帶來不良影響。在合理的情況下，政府只能依法充當招生活動秩序的維護者和利益調節者，而不能既制定規則，又直接參與博弈。本節從角色互動與力量博弈的角度出發研究民國高校招生活動中的一些關鍵環節及相應的制度規定，同時發掘民國高校招考錄取制度所體現的理性精神及有關的經驗教訓和歷史啟示。

〔註42〕 羅家倫：《學術獨立與新清華》，張玲霞：《藤影荷聲：清華校刊文選（1911～1949）》，北京：清華大學出版社，2001 年 4 月版，第 146 頁。

一、力量博弈

一般來說，在民國高校招考錄取的各個流程中，總是有些環節要比其他環節顯得更加重要，因為這些環節往往是民國高校、學生和政府等各方力量角逐的關鍵所在。那麼，在民國高校招考的各個環節中，有哪些環節是在至關重要的呢？在這些關鍵的環節上，民國的高校、政府與學生等各類角色之間又是如何進行博弈與互動的呢？下面主要從力量博弈與角色互動的角度出發並以民國高校為中心分別敘述各個關鍵環節及相應的制度內容。

（一）計劃組織

事實上，整個招考籌備階段的每一個環節對高校招考活動來說都是很重要的，其中，制訂招考計劃、擬定招考簡章及成立招考組織機構並確定相關的招考人員，是整個招考錄取制度中至關重要的流程和環節，因為，對於高校來說，這些環節幾乎決定了高校招生活動的整體過程和大部份宏觀的結果。

民國政府曾試圖通過十項制訂招考計劃這個環節來達到控制高校各學科及專業招生比例和人數的目的。

在北京民國政府時期，政府對公立高校的招生計劃有一定的宏觀調控措施，各高校一般會在招考之前向教育部呈報有關計劃和招考簡章，內容包括招生學科、專業及人數等內容，但是，教育部除了採取宏觀調控的辦法，一般很少直接干預、參與和控制各校制訂招考計劃，更不會干涉高校內部有關招考組織機構及招考人員的安排與構成等事項，因此，各高校享有較大的招生自主權。

在南京國民政府時期，隨著國民黨對全國局勢控制的加強，教育當局對學校教育的控制和整頓也隨之加強，整頓高等學校教育的力度也越來越大。為了應對風起雲湧的學潮運動，國民政府想方設法採取各種措施來加強對高校和學生的控制，而其中一項重要措施就是限制各高校招收文法科學生，因為當局很可能認為，文法科學生往往比理工農醫等實用學科的學生更關心現實政治，更容易參加學生運動。為此，1932 年 5 月，蔣介石的親信陳果夫在國民黨中央政治會議上提出了轟動一時的《改革教育初步方案》，其中最具爭議的主張就是要求全國各大學及專門學院自 1932 年起停止招收文法藝術等科

學生，暫以十年爲限。〔註 43〕此案雖然招致全國教育界人士的強烈反對，但國民黨中央政治會議對其稍加修改後議決：文法科辦理不善者停止招生；除邊遠省份爲養成法官及教師外，內地各大學一律不得再請求添設文科。〔註 44〕顯然，根據陳果夫提案的精神，各高校的文法及藝術科招生也應當停止或受到嚴格限制。

當時，對於陳果夫偏激提案的要害、目的和後果，不少有識之士曾給予揭露、駁斥和批判。例如，蔣廷黻指出，陳氏提案的要害之一就在於認爲「文科、法科，及藝術科不但無益，而且有害，因爲他們一方面費了國家的錢，另一方面又替國家造了許多不知法不守法的份子」。對此，他評論說：「那麼，何不把這些不生財而徒費錢的教育停了？……國家怕亂就把這些功課停了；停了的結果徒然使國家更加亂，因爲國人的思想更加會亂。關於生活的方方面面，要使人不去思想是不可能的。爲國家社會計，大學正應求思想的訓練化，那就是科學化。這可以說，就是大學的使命」。〔註 45〕

但是，有識之士的努力並沒能阻止國民政府實施加強控制的計劃。1932年 12 月，國民黨第四屆中央執行委員會第三次全體會議通過的《關於教育之決議案》規定，現有國立省立或私立大學，應由教育部嚴加管理，成績太差，「學風囂張者」，應即停辦；各省市及私立大學或學院，應以設立農工商醫理各學院爲限，不得添設文法學院。〔註 46〕隨後，爲了平衡和控制文科與實科的招生人數，根據 1932 年 5 月國民黨中央政治會議專門討論通過的《改革教育初步方案》，教育部出臺了限制文法科招生的政策，計劃分年結束文法科招生並將經費移作擴充其他實科招生。〔註 47〕1933 年 5 月，教育部頒發二十二年度各大學及獨立學院招生辦法，其中規定，爲糾正文法科教育畸形發展，各大學文、法、商、教育、藝術類學科招生的平均數不得超過理、工、農、醫類招生的平均數，專辦文、法、商、教育及藝術類的獨立學院所招新生數不得

〔註 43〕 陳果夫：《改革教育初步方案》，《中央周報》第 212 期，1932 年 6 月 27 日南京出版。

〔註 44〕 《改革教育方案經中政會審查完竣》，《中華法學雜誌‧國內要聞》1932 年第三卷第七號，第 122 頁。

〔註 45〕 蔣廷黻：《陳果夫先生的教育政策》，《獨立評論》1932 年第 4 期。

〔註 46〕 《四屆三全會關於教育之決議案》，《法令週刊》1933 年第 132 期。

〔註 47〕 《改革大學文法等科設置辦法》，教育部：《教育法令彙編》第一輯，上海：商務印書館，1936 年 7 月，第 142 頁。

超過 1931 年度的新生數,「其餘公私立專科以上學校一律照辦,否則其新生入學資格不予審定,或作其他糾正之處置」。〔註48〕

因此,隨著陳果夫所提方案的實施,在民國中後期的高校中,不僅法政類高校幾乎絕跡,各高校中的非實用類學科也只剩下音樂和藝術類等少數幾個專業,招生人數也受到嚴格限制。

顯然,國民政府通過政治和行政手段對高校招生計劃進行強力控制的做法,不僅影響了各高校有關學科和專業的發展,也使許多學子不得不改變原來的報考與入學志願和學術興趣,其影響是廣泛和深遠的。也許,現代中國社會中重理輕文的基因也由此形成,從而導致注重人文的價值理性開始衰退,而強調實用的工具理性從此漸占上風。

因此,嚴格地說,民國時期高校在招生中雖然自主權比較大,但有時也不是完全自主的。因為高校招生是否完全自主,一個重要的衡量指標就是看它是否能夠獨立自主地制訂本校的招考計劃,如果這點都無法實現,則很難說它的招生是完全自主的。同樣的道理,如果招考計劃制訂環節受到的干預和被控制的程度越深,甚至連招考的學科、專業、招生的人數及其名額和區域等詳細內容都被控制,則說明高校的招生自主程度越低。也許政府依法對高校招生進行適當的監管和宏觀調控是必要的,但國民黨當局做得有些過份,以致引起有識之士的批評。

在招考組織機構及人員配備方面,民國高校一向是比較自主的,但是,在抗戰期間及抗戰勝利後的高校聯招或統招中,國民政府曾組織各高校聯合的招生委員會,甚至一度成立了統一的全國招生委員會,試圖「收編」各高校招考機構和有關人員,但由於時間較短,情況複雜,難度較大,最終沒有成功。〔註49〕直到 1949 年以後,大陸各高校招考機構的組織體系框架設置才逐漸出現以中央及各地各級政府組織的招生考試機構為主及各校招生處為輔的局面。

由此可見,上述招考計劃階段中的各個環節確實比較關鍵,因而往往成為民國高校與政府博弈的主要陣地。可是,這些環節雖然重要,可惜當時的教育學術界和社會輿論對此卻關注不夠,有關的學術理論研究更加貧乏,社

〔註48〕 教育部:《第二次中國教育年鑒》第五編(高等教育 第一章 概述),上海:商務印書館,1948 年 12 月版,第 42 頁。

〔註49〕 請參見本文第二章對民國高校招考組織人事制度論述。

會公眾對此更是知之甚少，這種情況至今也似乎沒有多大改觀，這應當是值得引起注意的問題。

（二）刊登廣告

進行公開招考是學校辦學的重要權利。對於民國高校招考活動來說，發布招考信息並在報刊上公開做廣告似乎是很平常的做法，但這卻是一個相當重要的環節，因為廣大學子大多是從招生廣告中獲取招考信息，如果不允許公開刊登招考廣告，高校則可能因生源不足而無法招收到足額的新生，而如果長期沒有生源，學校就無法正常辦學。為此，民國高校大多比較注重在各大報紙上公開進行招生廣告宣傳，當時的教會大學更頻繁地利用報紙廣告來開展招生活動。例如，1918 年金陵大學的招生廣告是一個圖表，最上面一個方框寫著「金陵大學堂」，中間的大方框寫著校內各個招生單位的修業年限，從右至左分別是：幼稚園二年、初等小學四年、高等小學二年、中學四年，初級師範四年、優級師範二年、大學預科二年、文科大學三年、農科大學三年、林科大學三年、華言科二年，最下面兩個套在一起的方框中則寫有「規模極大、程度極高、教法極新、收費極廉」及「如有欲本校章程者，請寄郵票五分」等宣傳廣告語句。〔註50〕

又如，1935 年 12 月 24 日的《申報》上刊登了一則私立廈門大學的招生消息稱：

> 廈門大學近年來得中央政府省政府及社會人士熱心資助，對於教學及訓育方面，皆力求整頓，以期無負愛護該校者之希望。茲為擴充起見，由該校招生委員會議決，於明春（二十五年春）招大學部各學院一二三年級生，並招考附設高中部之第一年級上下學期，第二年級下學期新生。入學考試日期定在二月四日至六日，考試地點是在廈門本校，現招生簡章已印好，凡有志投考該校者，可向該校註冊部或招生委員會函索簡章，並附郵票二分即可照寄云。〔註51〕

這個環節有時可以體現民國高校與政府之間的力量角逐。例如，在南京國民政府時期，教育當局為了達到迫使外國人所設高校向中國政府立案備案的目的，曾明令禁止未立案高校公開刊登招考廣告。聖約翰大學就曾因立案問題

〔註50〕南京大學高教研究所校史編寫組：《金陵大學史料》，南京：南京大學出版社，1989 年版，第 20 頁。

〔註51〕《申報》，1935.12.24，十二版。

久拖不決而被禁止在報刊登載招生廣告，以至不能公開招考，而主要靠教會和校友的關係招收新生，當然，由於聖約翰是當時的名校，招生規模不大，即使不公開招考也根本不用擔心生源的問題。〔註52〕

同時，為了與其他學校競爭，以吸引優質生源，公開刊登招生廣告也是非常必要的手段。民國的高校在這方面是不甘落後的。有的民國高校為擴大影響經常在報紙上刊登招考廣告，因此，這個環節有時也可以體現民國時期高校與高校之間的競爭。以私立廈門大學為例，1924 年 7 月份中有七天，1926年則從 1 月 26 日至 2 月 6 日連續十二天，廈門大學都在《申報》刊登了招考廣告。〔註53〕

即使在 1938 至 1940 年的全國公立高校統一招考期間，為吸引更多的考生報考本校，各大學也沒有忘記在新聞媒體上進行廣告宣傳。例如，西北工學院招收礦冶工程研究生和各系二、三年級轉學生，招生廣告分別刊登於《重慶時事新報》、成都《補新聞》、西安《西京日報》、漢口《大公報》和香港《大公報》。〔註54〕

另外，除公立高校常常在政府公報上做招生廣告之外，民國的私立高校也設法通過政府的行政渠道代發招考廣告。例如，私立廈門大學甚至設法請廣東省教育廳將招考廣告刊登在《廣東省政府公報》上。〔註55〕

1941 年 11 月 29 日，教育部公佈《專科以上學校學生學籍規則》，該規則明確規定，各類專科以上學校在每次招收新生或轉學生之前，都「應於招考前三個月擬定各科系招生名額連同招生簡章」，呈報教育部核准，在未經核准之前「不得先行登報招生」。〔註56〕這項規定雖然明顯有加強政治控制的意圖，但同時也是國民政府對高校發布招生簡章和廣告宣傳活動進行規範管理所採取的重要舉措。

〔註52〕 徐以驊、上海聖約翰大學校史編輯委員會：《上海聖約翰大學（1879～1952）》，上海：上海人民出版社，2009 版，第 42 頁。

〔註53〕 黃宗實、鄭文貞：《廈門大學校史資料》（第一輯）（1921～1937），廈門：廈門大學出版社，1987 版，第 205～208 頁。

〔註54〕 北洋大學、天津大學校史編輯室《北洋大學：天津大學校史（第一卷）》，天津：天津大學出版社，1990 年 9 月第 1 版，第 291 頁。

〔註55〕 《代辦廈門大學招生》，《廣東省政府公報》1931 年第 155～156 期合刊。

〔註56〕 《專科以上學校學生學籍規則》，《教育通訊旬刊》1942 年第 9 期；教育部：《教育法令》，中華書局，1947 年 5 月版，第 162～164 頁。

可見，在報紙雜誌上刊登招生廣告是民國政府與高校，及各高校之間進行博弈的一個重要環節。

（三）審查學歷

此環節曾經是民國高校、學生與政府反覆角逐的重要陣地。有些高校爲了多招學生，曾不斷降低報考的學歷資格，而有些學歷不合格的考生爲了參加招考則不惜弄虛作假，製作假文憑，或通過冒名頂替等方式以獲得大學入學資格。〔註57〕

民國政府爲了遏止「招生濫」的現象，曾多次出臺限制招收同等學力的規定並嚴格審核錄取新生的學歷證書。例如，1914 年，教育部下令要求各校停止招收別科生。但是，甘肅公立法政專門學校由於前一年才成立並開始招考新生，全校只有法政別科兩班及政治經濟預科一班，學生人數也較少，如果停招別科新生的話，則等現有兩班別科生畢業後，下一年就只剩下政治經濟預科與本科生各一個班了，因此，校長蔡大愚一再呈請教育部要求添招新生，適當增加同等學力者在新生中的比例，並增設預科班。但是，1915 年，甘肅督軍張廣建又按教育部飭令要求甘肅法專門，「從 1915 年起，各項專門學校招生務須一律從嚴，同等學力者不得逾中學畢業生十分之一」。可是，當時甘肅全省才 4 所省立中學，在校生只有 412 人，畢業生更少，且「多別圖上進」，另謀出路去了，甘肅法專一時面臨招生困難。因此，蔡大愚一面呈請張廣建「飭行省立四中學及各縣知事，限於 1916 年元月內將中學畢業各生送來省以便試驗」，否則「不但不能盈額，即求其半數亦不可得，乃實在情形」；一面又呈請教育部，希望參照雲南法政專門學校招生辦法變通辦理，允許甘肅法專所招新生，「凡未經中學畢業有同等學力者，限其不得過十分之四，以示從寬辦理」。經過蔡大愚的據理力爭，教育部和甘肅省政府終於大大放寬了對甘肅法專在招收同等學力學生方面的比例限制。〔註58〕這個例子反映了當時民國政府、高校與學生之間圍繞報考入學學歷資格的力量博弈。

（四）考試命題

考試與命題當然是民國高校、學生與政府之間博弈的重要環節。

〔註57〕詳細內容請參見第二章第一節中的有關論述。
〔註58〕張克非：《蘭州大學校史·上編》，蘭州：蘭州大學出版社，2009 年版，第 30 ～31 頁。

　　民國高校招生活動中的入學考試這個環節曾經一度成爲一些知名高校與學生之間角逐的重要戰場。

　　由於民國高校一般設有預科或大學先修班，或者辦有附屬中學，有的還設有研究所或研究院，有些民國高校的預科生、先修班學生或附屬中學學生畢業後當然希望能夠免試升入本校的本科學習，有些本科生甚至希望畢業後能夠直接進入本校研究院學習，於是，甚至連要不要進行大學入學考試，在民國時期有些高校也曾經是一個問題，這個問題當然直接關係各方切身利益，以致於曾在有的民國高校引發風潮，甚至令個別大學校長也甚爲難堪。當然，這種情況一般多發生在北京民國政府時期及南京國民政府對高校管制較寬鬆的時期。例如，1913 年 5 月底，曾發生北京大學預科生鬧學潮的事件，學生甚至要求校長何燏時辭職。此事曾轟動一時，並一度驚動北京政府教育部總長、總理及大總統，學潮的起因就與該校預科生強烈要求免試升入本科但被拒絕有關。〔註59〕無獨有偶，1931 年 3 月，清華大學的學生代表大會曾專門通過議案，向學校當局提出：「請求於畢業後不問成績優劣，免除入學試驗，逕入研究院肄業」。〔註60〕

　　在考試命題環節中，各方的博弈互動就更加明顯。

　　任考試命題環節，有的學生甚至向有關命題教師打探試題內容。例如，據 1930 年代初考入北大的張中行回憶，馬幼漁教授任北大國文系主任時，他的一位家人報考北京大學，有一次，不知是有意還是無意，在馬先生面前自言自語地說：「不知道今年國文會哪類題。」馬先生大怒，罵道：「你是混蛋！想讓我告訴你考題嗎？」〔註 61〕民國時期，高校招考命題人員向考生洩露考題的情況是很少見的，國立北京大學的國文系主任當然應該更能夠做好試題保密工作。

　　從張中行的有關記述中，人們還可以進一步瞭解當時北京大學在命題環節中的嚴格保密制度，他寫道：

〔註59〕　《政府公報》第 386 號（1913 年 6 月 3 日）、第 387 號（1913 年 6 月 4 日）、第 397 號（1913 年 6 月 14 日）、第 399 號（1913 年 6 月 16 日）及第 444 號（1913 年 7 月 31 日）等。王學珍等：《北京大學史料第二卷（1912～1937）上冊》，北京：北京大學出版社，2000 年版，第 237～240，671～674 頁。

〔註60〕　清華大學檔案，全宗號 1，目錄號 2－1，卷宗號 2：1。

〔註61〕　張中行：《負喧瑣話》，哈爾濱：黑龍江人民出版社，1986 年 9 月第 1 版，第 11～12 頁。

再說命題，用的是迅雷不及掩耳的辦法。譬如說，考國文是明天早八點，今天中午由校、系首腦密商，決定請某某兩三位教授命題。接著立刻派汽車依次去接。形式近於逮捕，到門，進去，見到某教授，說明來意，受請者必須拿起衣物，不與任何人交談，立刻上車。到紅樓以後，形式近於監禁，要一直走入地下層的某一室，在室內商酌出題。樓外一周有校警包圍，任何人不准接近樓窗。這樣，工作，飲食，大小便，休息，睡眠，都在地下，入夜某時以前，題要交卷。印講義的工廠原就在地下，工人也是不許走出地下層，接到題稿，排版，出題人校對無誤，印成若干份，加封待用。到早晨八時略前，題紙由地下層取出，送到試場分發，出題人解禁，派汽車送回家。這個辦法像是很有優點，因為沒有聽說過有漏題的事。〔註62〕

即使在考試完畢之後，有關各方圍繞考試命題的博弈，似乎也還沒有結束。例如，人們所熟知的陳寅恪1932年為清華大學招考所擬的國文考題「夢遊清華園記」及「對對子」就曾引起當時學界的熱議和爭論，也引起許多考生的不滿和抗議，被稱為清華大學入學考試風波。以致後來的出題者不得不謹慎從事，既不再出「新奇」之題，也不敢再犯「復古」之嫌，並同時出多個作文題目供考生選擇，以適當降低難度。〔註63〕

不難發現，以上例子都在一度程度上反映了高校與學生之間互動的情況。

當然，民國政府作為重要的博弈主角之一，在這個問題上的干預、管理與調控似乎也不曾放鬆。北京民國政府時期，教育部曾對高校招考命題的科目和難度及答題要求等方面提出過指導性的意見。但到了南京國民政府時期，一方面，為提高各高校學生的學業程度，教育部除了按照《大學組織法》、《大學規程》、《專科學校組織法》和《專科學校規程》等法令法規的要求加強視察督導，還特別要求各專科以上學校「入學考試應嚴格」。〔註64〕另一方

〔註62〕 張中行：《負喧瑣話》，哈爾濱：黑龍江人民出版社，1986年9月第1版，第96～97頁。

〔註63〕 羅志田對此有精彩論述，參見羅志田《無名之輩改寫歷史：1932年清華大學入學考試的作文題爭議》，《歷史研究》2008年第4期，第71～83頁；及羅志田《斯文關天意：1932年清華大學入學考試的對對子風波》，《近代史研究》2008年第3期，第4～23頁。

〔註64〕 《改進高等教育計劃》(1930年4月第二次全國教育會議修正通過)，《河南教育》1930年第19～20期合刊；黃季陸：《抗戰前教育政策與改革》，《革命文

面，連各級學校（當然包括專科以上學校）招生入學考試的考試科目及各科程度，都在一定程度上受到國民政府的管制和約束。〔註65〕教育部在通過控制考試科目與命題內容來規範高校招考活動並協調高校招考與中學教學的同時，還專門設置了黨義（後改為公民）這門科目，以達到思想控制的目的。

例如，國立清華大學1930年度本科一年級新生入學的黨義科考題是：「孫先生民生史觀與馬克斯唯物史觀差異性何在？」〔註66〕1931年，清華大學招考大學本科一年級新生、二三年級轉學生及研究生共同適用的黨義科考題有三道：

1. 三民主義的科學性。
2. 國民革命的內容及其特點。
3. 研究黨義的必讀書試略舉之。〔註67〕

如果說，清華大學1930年黨義科考題的政治傾向性尚不太明顯的話，那麼，其1931年的考題則具有鮮明的政治立場和思想控制的意味了。顯然，投考者若不下工夫去鑽研國民黨的黨義是不容易得高分的。

有時，與當局的意圖相反，有的民國高校也可能利用招考命題的機會來分辨考生的政治思想傾向，以利於錄取校方或命題者認為具有進步思想的考生。例如，「一二・九」運動之後，抗日呼聲高漲，而中央政府的官方主張卻是「攘外必先安內」，於是，為了發現並儘量多錄取一些具有抗日思想的學生，私立的中國大學在1936年招考新生時便有意出了這樣的國文試卷作文題：《無敵國外患國恒亡》。〔註68〕這種做法在當年可能與官方的意圖有一定的衝突，雖然從根本上說國民政府也是主張抗日的。可見，有時候，國民政府控制高校招考的企圖並不一定總是能夠實現。

在1939至1940年期間，全國公立高校統一招考中採用的是統一命題方式，即由全國統一招生委員會出題，所有參考學生同考一樣的試卷。這意味

獻》第54輯，臺北：中國國民黨黨史史料編纂委員會，1971年版，第168頁。

〔註65〕 《規定各校招考新生之考試科目及各科程度》，教育部：《教育法令彙編》第一輯，商務印書館，1936年1月，第99頁。
〔註66〕 《清華週刊》1931年第11～12期，第203頁。
〔註67〕 《清華週刊》1934年第13～14期，第172頁。
〔註68〕 莊華峰：《吳承仕研究資料集》，合肥：黃山書社，1990年6月版，第24，80頁；另見王淑芳等：《北師大逸事》（上），瀋陽：遼海出版社，2009年版，第32頁。

著中央政府在此期間的博弈中暫時佔了上風。但是，這 1941 年之後，統招及統一命題方式便無法繼續，各校又重新開始單獨或聯合招考與命題。南京國民政府最終還是沒有能夠完全控制各高校招生的考試和命題環節。

（五）閱卷評分

此環節對高校招生也相當重要，往往也能體現民國高校與政府之間的角逐。有的高校甚至有意在閱卷和評分中照顧反感當時主流或官方正統觀點的考生。以私立中國大學在 1936 年招考閱卷和評分爲例，國文系主任吳承仕在主持閱卷和評分時，特別留意具有進步思想傾向的學生，甚至特別照顧曾被清華大學開除的學生黃誠，外加北京師範大學和中山大學開除的學生如孫楷第、王重民等七人，給他們評高分，以便他們獲得「特別錄取生」的資格。這些人後來都成爲中國共產黨的優秀幹部或有一定知名度的學者。〔註69〕

當然，在 1940 年的全國公立高校統一招考中，根據教育部要求，統一招生委員會擬定了標準答案及評分標準，這是民國時期唯一的一次按全國統一標準答案進行評分的高校招考。除此之外的其他各個時期，各高校在招考中均自行擬定標準進行閱卷與評分。由此可見，總的來看，民國時期各高校在招考閱卷與評分環節相當自主，政府一般沒有直接加以干預和控制。

（六）擇優錄取

擇優錄取考生當然是民國高校招考活動中最後的關鍵環節，更是民國高校、政府與學生三類角色進行互動與博弈的重要戰場。顯然，如何擇優錄取，其錄取標準如何，民國各高校的具體做法沒有統一的規定，而且各校的錄取標準也有可能會隨著形勢的發展而產生一定的變化。在上面提到的例子可以表明，由於自行招考錄取新生，各高校可以比較自主地給予某些考生「特別錄取生」的資格，以利於錄取符合本校特色與偏好（當然也包括政治立場和思想傾向在內）的新生；同時，考生也可以利用各校不同的招考錄取政策自由地選擇自己喜歡的高校和專業，這當然也爲某些有特殊政治目的的考生提供了方便和更多的機會，如果因爲從事學生運動被一個學校開除，還可以報考另一所高校，照樣有可能被錄取；而對於國民政府來說，採取統一的錄取

〔註69〕莊華峰：《吳承仕研究資料集》，合肥：黃山書社，1990 年 6 月版，第 24，80 頁；另見王淑芳等：《北師大逸事》（上），瀋陽：遼海出版社，2009 年版，第 32 頁。

標準，嚴密掌控錄取的權力，無疑是更優的選擇，因爲，這樣就可以嚴格把關，一方面減少某些高校「招生濫」的現象，同時提高高校入學新生的學業程度，另一方面，也可以儘量減少錄取可能對當局不利的考生。

　　從民國高校招考的主流情況來看，在單獨自行招考時期，各高校一般都能自主地制訂錄取標準，以根據自身需要擇優錄取合格新生。在實行聯合招考或統一招考時期，在教育部有關機構的協調下，各高校雖然多數也能夠根據考生的考試成績和報考志願比較自主地錄取新生，但毫無疑問，自主的程度總不及單獨自行招考時期，於是，有的高校乾脆退出統一招考與錄取環節。〔註70〕另外，在統一錄取環節中，也有些考生因爲志願學校已經招滿而被調劑到其他學校的情況，這種做法有時也給一些考生帶來煩惱或困難。有的考生甚至直接寫信給教育部長，要求重新分發學校。〔註71〕

　　綜上可知，民國高校招生的流程和環節雖然沒有當今高校招考活動複雜，但似乎也不簡單，除了招生中的考試（一般習慣稱爲招考）和錄取流程，還有許多關鍵的環節。然而，由於招考與錄取這兩個流程爲公眾所熟知，以至絕大多數人，乃至多數專業研究人員，一般都用招考來代指招生中的幾乎所有環節，這種籠統的做法雖然在日常生活中問題不太大，但如果籠統地以招考或招生來代稱招生活動中的所有流程和環節，則顯然是比較片面的，也容易導致模糊和混亂，往往使各種問題混雜在一起，使人無所適從，難以分辨，更談不上進行深入的研究。同時，用招考或招生來代替所有的流程和環節，籠統地將民國高校招生制度視爲自主招考或自主招生制度，也是難以吸取歷史經驗和教訓的，以致所謂借鑒歷史也往往無從著手，大多只能停留在膚淺地甚至拙劣地模仿民國時期高校招考的表面形式和具體做法上，根本無法真正觸及歷史的智慧。於是，就出現了這樣的情況：許多人甚至連高校招考活動包括哪些主要流程與關鍵環節都不太清楚，眼光往往大多局限於招生中的考試或錄取環節，大多只關注是實行統一考試還是單獨招考等表面的招考方式，而忽視與考試方式同等重要的其他各個流程和環節。雖然當今中國大陸的高考改革已經進行了三十多年，但令人遺憾的是，在一些關鍵的環節上仍沒有多大的進步，這恐怕與人們對這些重要招考環節的忽視有密切關係。

〔註70〕如國立上海交通大學只參與了1938年的統考招生，次年即宣佈退出。薛成龍：《近代中國高校招生考試研究》，廈門大學碩士學位論文，1999年，第44頁。
〔註71〕薛成龍：《近代中國高校招生考試研究》，廈門大學碩士學位論文，1999年，第43頁。

二、歷史鏡鑒

在民國高校招生活動的各個關鍵環節中，有關各方既表現出了相當的理性精神，也有一些非理性的做法，其經驗教訓值得注意，各個環節中相應的制度也具有一定的啓示意義。

在民國高校招生活動中，每一個流程和環節都有可能成爲高校、學生與政府三類角色之間及有關角色內部各種勢力之間進行角逐的陣地，其中的經驗教訓值得注意。概括地說，主要有以下幾點：

第一，民國時期的中央政府在正常情況下大多沒有採取嚴密控制、直接干預和直接參與的手段，而是採用比較合理的宏觀調控措施，政府基本上能夠尊重高校主導招考活動的合法權利，同時也沒有過多地干涉學生選擇高校的自由權利；

第二，大多數關鍵環節的活動過程都是在高校主導下進行的，這無疑對民國高招收到與本校專業要求和特色相符的新生非常有利；

第三，有關各方在各個招生環節中一般均能尊重正常的招考程序和比較合理的法令法規和規章制度，均體現出了相當的法治精神；

第四，雖然各方力量在一般情況下大多能夠比較理性地進行互動與合作，但在有些不太正常的情況下，有關各方也曾試圖在某些招生活動環節中利用一些不合理的手段（如政治干預、暗箱操作或拉關係等手段等）來達到各自的目的，其中的教訓無疑也是值得注意的。

第五，在多數情況下，民國時期的中央政府主要扮演的是規則制定者與活動調節者的角度，但政府制定的有些規則也不盡合理，有時也不能平等地對待各類高校與不同身份的考生，有時甚至將某些規則強加給高校和考生，尤其不合理的是，政府有時甚至直接參加博弈活動並對高校的招生活動進行一定程度的控制，這些教訓更是特別值得重視。

在高校招生的主要活動流程及關鍵環節中，政府、高校與學生三者之間在廣泛合作的基礎上，也往往可能存在一定程度上的力量博弈。比較合理的招生制度不是強力壓制博弈中的任何一方，而是盡可能使有關各方能夠尊重彼此的合法利益，以合法的手段爭取自身的利益，使各方既能夠尊重各自利益又能夠儘量維護社會公平正義。當然，最合理的制度應當是政府不應該以博弈者的身份參與高校招生活動，只能依法充當維護招生活動秩序的「守夜人」角色和有關各方的利益調節者，因爲嚴格地說，政府應當人民服務，不

應當有自己的特殊利益。也就是說，在高校招生活動中，高校的自主權、學生的選擇權都應當得到尊重，雖然政府也享有依法進行監管和調控的權力，但政府更應該履行自己的義務，即依法協調各方利益，並幫助處於不利地位的高校和學生實現自己合法權益。在民國時期，總的來說，由於政府一般都能夠尊重高校和學生的合法權利，結果比較自然地出現了這樣的局面：高校能夠比較自主地進行招生活動，學生也能夠比較自主地選擇學校，政府雖然進行了一定程度的干預和管制，但多數時期一般沒有採取直接參與和嚴密控制的手段，而且大多是採取依法監管與調控的手段。因此，在民主共和和法治精神成為時代新潮流的民國時期，當時的高校招生制度幾乎也自然而然地體現出了相當的理性精神。雖然民國的高校招考制度也不是十全十美，但其中的經驗和教訓卻值得引起後人的重視。

　　綜合本章所述，民國時期，經過有關各方在各個招考環節的長期互動和探索，逐漸形成了相對穩定且比較合理的高校招考程序和有關制度，從而成為民國時代流傳至今的一份重要制度遺產，其中所體現的理性精神值得關注，其中蘊含的經驗教訓和歷史智慧，無疑也值得當今的高校招生改革借鑒。高校招考涉及各方利益，有關各方在招生活動的各個流程和環節中可能既有合作又有競爭。為此，就必須認真理清各個關鍵的招考環節並制定公平合理的活動規則，以有關各方的合法權益。而如果要制定公平合理的招生制度，就必須理順有關各方在各個流程和環節中的權利和義務關係，特別要擺正政府在力量博弈中的角色，政府只能充當秩序維護者和利益調節者，而不能充當利益博弈的角色，這應當成為招生制度改革的重要出發點。因此，一個追求穩定和諧的文明法治社會，應當特別注重程序正義，同時關注對各個招考環節的實質性改革和即時有效的監督，為人們獲得高等教育資源提供公平合理的制度環境，以儘量減少暗箱操作的空間和非理性行為的出現。

第五章　報考與入學

　　1930 年，季羨林高中畢業，到北平考大學。由於他在山東大學附設高中學習三年中，「六次考試，考了六個甲等第一名，成了『六連貫』」，因此，他以前報考中學時的自卑心理一掃而光，「有點接近狂傲了」。據他回憶：

　　　　當時考一個名牌大學，十分困難，錄取的百分比很低。為了得到更多的錄取機會，我那八十多位同班畢業生，每人幾乎都報七八個大學。結果我兩個大學都考上了。經過一番深思熟慮，我選了清華。〔註1〕

從季羨林的敘述中可知，由於沒有實行全國高校統一招考與錄取的制度，民國學子們可以自由報考多所大學，並有可能同時被不止一所大學錄取。因此，民國時期，許多報考了數所大學的考生，像季羨林一樣，都有可能會同時收到數所大學錄取通知書的情況，這在當時是不足為怪的。在沒有實行統一招考之前，這種情況還比較常見，仍有人報考多所大學並同時收到全國數所大學錄取通知書的現象。可見，民國的大學入學制度無疑為廣大學子們提供了相當多的自由選擇機會。

　　民國時期，科舉雖已廢止，但由於受傳統觀念的影響，許多人認為上大學就等於考舉人，「進京趕考」似乎仍是民國多數士子的首要選擇，因此，雖然國民政府時期的北京已經改稱為「北平」，但季羨林觀察到：

　　　　可是濟南高中文理兩科畢業生大約一百多人，除了經濟實在不行的外，有八九十個人都趕到北平報考大學。根本沒有聽說有人到

〔註1〕 高增德等：《世紀學人自述》，北京：北京十月文藝出版社，2000 年 1 月第 1
　　　　版，第 132～134 頁。

> 南京上海等地去的。留在山東報考大學的也很少聽説。這是當時的
> 時代潮流，是無法抗禦的。當時到北平來趕考的學子，不限於山東，
> 幾乎全國各省都有，連僻遠的雲南和貴州也不例外，總起來大概有
> 六七千或者八九千人。〔註2〕

當年人們對北京高校的嚮往反映了民國廣大學子努力爭取高等教育機會的熱誠。

其實，除了北京的高校，其他地方的高校也同樣有許多考生報考。因此，每到夏季，想進大學深造的學子，大多會聚於各高校。而在沒有實行統一招考制度的民國多數時期，由於各高校的招考制度和錄取標準各不相同，每位考生的報考入學經歷也千差萬別。在廣大學子投考入學過程中，由於學生與高校及政府之間長期互動，不僅湧現了許多豐富多彩的報考入學故事，而且，透過這些故事，還可以發現，民國各高校依照當時的有關法令法規，在招生活動中逐漸形成了一整套以求學者為活動主體的報考與入學制度。顯然，在民國政府的調控下，這種制度與高校的招考錄取制度互相呼應，有時互相交叉，有時又相互平行，二者圍繞著高等教育機會和大學入學資格的獲取或給予，共同編織出許多有趣的故事，同時也形成了一些基本的程序和制度，二者相輔相成，共同構成民國高校招生的重要基本制度內容。

據此，本章以廣大求學者作為民國高校招生活動的主要行為主體，對民國高校招生活動中的新生報考與入學制度進行系統梳理，同時對報考與入學環節中有關各方的互動進行簡要分析。

鑒於上一章已經側重對招考流程進行論述，本章在繼續梳理報考與入學流程的基礎上，著重研究民國時期考生報考入學的各項具體規則，同時探討廣大學子在追求接受高等教育權利及獲取高等教育機會時的選擇自由情況。為方便敘述，本章研究分為報名投考與註冊入學兩個階段對報考入學制度進行論述，其中，從考生投考報名到入學考試結果公佈及接收高校錄取通知書為第一階段，以被錄取者進入高校報到註冊到正式獲得學習資格為第二階段。〔註3〕

〔註2〕季羨林：《1930～1932年的簡略回顧》，《清華校友通訊》復49期，2004年4月。

〔註3〕因為被高校錄取者只有獲得正式的學習資格才能算是完全結束了入學的過程，因此本文以新生通過入學資格審查並獲得合法的正式學籍作為高校招生與新生入學正式結束的標誌。這可能與中文語境中非經嚴格定義的招生與入

第一節　報名投考

　　從投考報名到複習備考，到參加入學考試，再到等候考試結果，或到接收錄取通知書，這是民國學子在獲得高校入學報到資格之前的階段，可稱之爲報名投考階段，或可簡稱報考（或投考）階段。在這個階段，民國時期的廣大學子爲了獲得接受高等教育的機會，與各高校及政府教育行政管理部門積極互動，湧現出許多有趣的報名投考故事，同時通過自己的選擇行爲間接地參與了有關報考制度的制定和形成。因此，研究當時的報名投考制度可以從兩個方面入手：一是詢問當時直接或間接參與報名投考活動的有關當事人，或查閱當事人所記述的相關材料；二是查閱當時民國高校的招考簡章及入學規則等資料。本文即以有關當事人的記述及有關簡章規則爲線索，在弄清有關基本流程與關鍵環節的基礎上探討有關各方在力量博弈中形成的報名投考程序及有關制度，並總結其中的歷史經驗和教訓。

一、報考制度

　　在民國高校的招生簡章或入學考試規則中，一般會對有關投考報名的程序作出比較明確的規定。有關的簡章和規則反映了民國學子在報名投考時的一般流程。

　　以 1920 年代的北京大學爲例，根據 1924 年 6 月 7 口公佈的《國立北京大學招考簡章》及 1925 年 5 月 20 日公佈的《國立北京大學入學考試規則》規定，當時北京大學的報名投考流程可以分爲以下幾個步驟：

　　第一步：報名填表。

　　「先到填寫表格處，填寫各種履歷表格及檢查體格單（按照單上注明應填各項，填寫一部份）如式，由本人持之」。

　　第二步：呈繳證書。

　　「到審查證書處，呈繳證書，請審查。審查合格後，由該處收存證書，發給收據」。

　　第三步：呈繳表格、考試費及相片。

　　「到報名處，呈繳已填就之表格及檢查體格單，並最近四寸半身相片兩

　　　學概念有一定差異，但卻與英文語境中「Admission」中以「資格」爲核心的
　　招生與入學概念相近。

張（貼於臺紙者一張，不貼臺紙者一張）；考試費兩元。其體格單由報名處黏貼相片，並戳印排定之檢查體格日期時間於其上，由報名者帶回」。

第四步：體格檢查。

「檢查體格，報考者須按期持體格單至校醫室及體育部，依詳細檢查程序，受體格檢查。過期概不補驗」。〔註4〕

當然，以上步驟還不夠詳細，實際上，在報名投考階段一般還包含以下步驟：

第五步：領取准考證，複習備考。

第六步：參加入學考試。

第七步：等候考試結果或接收錄取通知。

據此可知，如果考生想投考北京大學的話，當時的報名投考基本流程包括：報名填表、呈驗證書、交表繳費、體格檢查、領取准考證、複習備考、應試及等候通知等基本流程。由於當時北京大學在全國的地位和影響，其報名投考流程與制度也反映了民國多數時期各主流高校所採取的考生報名投考程序及相關制度。下面以民國學子在報考入學高校的經歷及有關簡章和規則為線索，對報名投考階段各個基本流程中的有關制度或做法進行系統整理，同時適當關注有關制度形成過程中的力量博弈情況及考生的選擇機會問題。

（一）報名填表

當考生在獲取高校招考信息並決定報考某一所高校後，首先遇到的程序就是報名，報名時要填寫各種表格。考生須填寫的表格包括專門的報名登記表（當時一般稱報名單）、學業履歷表、入學志願書和保證書及體格檢查表（或稱體檢單）等。在報考填表過程中，民國學子與高校及政府的互動產生了許多故事，並由此形成了當時的有關報名投考制度。

1. 填寫報名單及履歷表

民國時期，考生在報考教會高校時，校方要求填寫的信息比較多。以教會開辦的福建協和大學報考制度為例，學生入學時必須先填寫紅、黃兩種不同的報名表。第一種是紅色的報名表，其正面由學生填寫姓名、家庭情況、

〔註 4〕 《國立北京大學招考簡章》（民國十三年修訂），《北京大學日刊》第 1488 號，1924 年 6 月 7 日；《國立北京大學入學考試規則》（民國十四年修訂），《北京大學日刊》第 1698 號，1925 年 5 月 20 日。

本人學歷外，還要注明所屬黨派、宗教信仰及學費承擔者，並黏貼個人照片一張。其背面則爲入學志願書，要求學生介紹自己的求學經歷，對以往所學的課程、學校、校長的評價，以及學校生活的體會，同時還要求學生如實填寫入學的目的、要求與將來的志願，背面下方印有「學生今願就學協和大學謹當遵守一切規則章程，協盡學生本分，增進學校榮譽」等語，要求學生簽名承諾。第二種是黃色的報名表，由學生先行填寫好後，黏貼照片，交其最後畢業的學校校長或教務長填寫，內容必須介紹學生的操行，並加蓋學校印章後，徑寄協和大學。〔註5〕

　　可見，福建協合大學要求報考者填寫的信息是非常詳細的。其他高校提供的報名登記表（報名單）或履歷表上共同要求報考者必須填寫的項目，雖然不一定像福建協合大學要求填寫的那麽詳細，但一般也包括考生自己的姓名、年齡、性別、籍貫及報讀志願等內容。下面著重探討考生在填報姓名、年齡、籍貫及報考志願等方面內容時所反映的有關制度及各方的互動情況。

　　（1）真假難辨的姓名

　　在民國時期，由於傳統的影響，許多人對於自己的姓名及年齡問題的態度似乎與當今社會的人們有些差異。而由於政府對公民使用姓名的管理和控制比較寬鬆，當時的人們可以比較自由隨意地使用和變更自己的姓名，一個人也往往可以擁有不止一個名字，因而當時的高校在接受考生報名時也沒有明確規定必須使用本人的真名或某一個特定的名字。於是，報考高校時究竟使用哪一個名字，對於有些考生來說，這個問題可能要仔細思量一番。而出於種種目的，在比較寬鬆的投考報名製度下，也有的人使用假名報考。例如，現在被有些人譽爲「最後的閨秀」或「最後的民國才女」的張充和女士在1934年報考北京大學時，就沒有使用真名，而是用「張旋」的假名報考，後來，雖然數學得了零分，但由於國文得了滿分，書法也好，考試委員會經過爭論後還是錄取了她。〔註6〕

〔註5〕謝必震：《香飄魏岐村——福建協和大學》，石家莊：河北教育出版社，2005版，第30～31頁。

〔註6〕據2005的報導，張充和考北京大學時國文成績第一，但數學爲零分，後「勉強」被北大錄取。胡適在一次聚會時對她說：「張旋（那時怕考不取北大給家人丟臉，而改的名字），你數學上要用功些」。當時她想：「我怎麽用功啊，我對數學一點也不懂」。（沈慧瑛：《才女張充和》，《檔案與建設》2005年第3期，第42頁）後來，到了2008年，在接受記者採訪時，張充和又回憶道：「我怕考不取，沒有用自己的名字，而是用了『張旋』這個名字。最好玩的是，

　　無獨有偶，民國時期的著名作家朱自清當年報考北大本科時也用了假名，他原名朱自華，1916 年夏考入北大預科，一年之後，爲了應對家庭經濟日益拮据的困窘，爲其父減輕負擔，便決定提前一年報考本科，於是改名爲「朱自清」報考，結果考中，進入北大哲學系（當時稱「門」）。〔註7〕自此，弄假成眞，「朱自清」取代「朱自華」而成了眞名。

　　另外，有的考生也可能因報考時填寫姓名不夠嚴謹而發生誤會。例如，1913 年夏，著名作家茅盾報名投考北京大學，他當時填報的姓名是沈德鴻。考完一個月之後，《申報》刊出了北大招考的錄取名單，卻沒有沈德鴻的名字，而只有「沈德鳴」，茅盾非常失望，焦急萬分，以爲沒考上，幸好不久即收到北大寄給他的錄取通知書，才知「沈德鳴」就是他自己，原來他在報考時填表時書寫潦草，將自己的姓名中的「鴻」寫得非常像「鳴」字。這個深刻的教訓使茅盾從此寫字近乎正楷，不寫似此似彼的字。〔註8〕

　　（2）虛實難分的年齡

　　與姓名問題類似，填寫年齡也可能成爲考生報名時頗費思量的問題，因爲中國人一般習慣按虛歲填報年齡，但也有的人按周歲填報，還有的人可能出於某種目的，故意虛報年齡，如故意將年齡多報或少報若干歲數。另外，有的人喜歡按公曆算自己的年齡，而仍按傳統用農曆算年齡的人也不在少數。仍以張充和爲例，據學者考證，她當年報考北大時填寫的年齡也很可能不是眞實的，當時她填的是 19 歲，但根據其弟弟的可考確切年齡推算及她晚年自己承認的出生年份（1913 年），她 1934 年報考時可能已經 21 周歲或 22 虛歲了。〔註9〕顯然，可能出於某種考慮，張充和當年報考北大時刻意將自己

　　　　胡適那時候是系主任，他說：『張旋，你的算學不大好！要好好補』！都考進來了，還怎麼補呀？那時候學文科的進了大學就再不用學數學，胡適那是向我打官腔呢！」見李懷宇：《張充和：書法是立體的文化》，2008 年 11 月 12 日《南方都市報》。北京大學的檔案資料顯示，張充和當年確實是用假名報考北大的，但不是正式生，而是試讀生。見《國立北京大學二十三年度新生名冊》（1934～1935），北京大學檔案館，檔案編號：M C 193401：3，第 11 頁。

〔註7〕陳孝全：《朱自清年譜》，《棗莊師專學報》，1995 年第 1 期，第 24，25 頁。
〔註8〕茅盾：《我的學生時代》，天津：新蕾出版社，1982 年 1 月版，第 59 頁；金韻琴：《茅盾談話錄——在茅盾家作客的回憶》，上海書店出版社，1993 年 12 月第 1 版，第 24 頁。
〔註9〕研究者質疑道：當時充和雖頗受舊學薰陶，但並非名人，在出生年月中造假的動機實在難以揣測。裴春芳：《關於張充和先生的生日、假名及其他——答商金林先生》，《名作欣賞》2011 年第 28 期，第 85 頁。

的年齡隱瞞了兩三歲。

因此，為了防止考生隨意填寫或更改自己的姓名及年齡，北大的招考簡章及入學考試規則專門就規範考生填寫姓名和年齡的問題作出明文規定：「報名所填姓名及年齡，如經考取入學後，不得請求更改」。〔註10〕

南京國民政府時期，隨著政府對人口管理和控制的規範和加強，教育部根據《修正內政部審核更名改姓及冠姓規則》，於1928年及1929年先後專門出臺了有關中學及中等以上學校學生更改姓名的辦法。其中規定，對於專門以上學校學生，凡要求其更名改姓者，除依法提交其他證明文件之外，還必須「呈由校長轉報本部核准」，並「須一律於呈請時加具入學保證人證明書」。〔註11〕1930年7月，教育部還公佈了對上述有關規則的若干解釋；1933年6月，教育部又再次頒發《修正限制學生更名改姓辦法》，增加了「必要時並得令其補繳其他證明文件」等規定。〔註12〕由此可見，民國時期廣大學子在報考大學時填寫自己的姓名時也必須慎重考慮，否則，如果以後要更改的話，麻煩還是不小的。顯然，這些法令制度在當時一方面加強了對學生進行控制，另一方面在一定程度上也起到了防範個別人在高校招生入學考試中冒名頂替和弄虛作假的作用。而民國高校在招生中試圖對考生報考填寫姓名進行規範的做法，既反映了當時的學生在與高校及政府進行博弈時處於相對弱勢的地位，同時也反映出民國政府及高校對於使用和更改姓名進行規範管理以及防範弄虛作假現象的合理要求。

（3）是非難清的籍貫

另外，考生報考時如何在填寫籍貫也有講究。由於民國政府規定對邊疆省份及蒙藏回等族學生報考大學有一定的優待照顧政策，〔註13〕同時，有的

〔註10〕《國立北京大學招考簡章》（民國十三年修訂），《北京大學日刊》第1488號，1924年6月7日；《國立北京大學入學考試規則》（民國十四年修訂），《北京大學日刊》第1698號，1925年5月20日。

〔註11〕有關規則詳見《專門以上學校畢業生及在校生呈請更名改姓辦法》（1928年12月13日公佈），及《中學及中學同等學校畢業生之更名改姓應照普通人民例案辦理》（1929年2月5日），教育部：《現行重要教育法令彙編》，南京：教育部印行，1930年4月版，通則部份第176～179頁。

〔註12〕《各級學校在校學生依照內政部公佈之更名改姓及冠姓規則第二條條二項呈請更名辦法之解釋》（1930年7月1日），《修正限制學生更名改姓辦法》（1933年6月28日公佈），教育部：《教育法令彙編》第一輯，上海：商務印書館，1936年1月，通則部份第99，98頁。

〔註13〕《教育部公佈蒙藏學校章程》，朱有瓛：《中國近代學制史料》第三輯下冊，

高校（特別是師範類高校）規定在各個省的招生錄取名額有一定的限制，因此，有的考生爲了爭取更多的錄取機會，便想方設法更改自己的籍貫，這就有些類似於科舉時代的「冒籍」，也與當今的高考移民現象有相通之處。

以張充和1934年報考北京大學的故事爲例，雖然張充和祖籍爲合肥，出生地爲上海，常住地爲合肥與蘇州，1933年，其三姐張兆和與沈從文在北京結婚，張充和同時跟隨其姐來到北京，暫住在沈從文家裏。次年她報考北大，但當時她報名填表時填寫的籍貫卻是寧夏中衛。〔註14〕至於張充和爲何當初在這方面造假，其眞實原因外人恐怕難以知曉，但根據當事人後來的回憶及有關報導可以發現，其原因可能是爲配合其中學畢業文憑造假的需要而改變籍貫的，「連她的中學文憑也是假的，是弟弟宗和託在寧夏當中學校長的朋友幫忙出具的」。〔註15〕此外，也不排除有另一個原因的可能，即在當時南京國民政府對邊疆地區考生的優待政策下，〔註16〕張充和似乎有可能試圖通過沈從文與胡適的關係援引邊疆學生的優待規定而獲取北京大學正式生的資格，北京大學的有關檔案似乎也可以作證。〔註17〕

顯然，在民國時期，這種「冒籍」的現象並非特例，又如，曹汝霖便利用其在外交部的職權和關係，並通過佔用新疆省的名額而讓其兒子進了清華大學（當時稱清華學校），據當時在清華就讀的潘光旦回憶：

上海：華東師範大學出版社，1990年版，第680～682頁。

〔註14〕北京大學註冊組：《國立北京大學二十三年度學生一覽》，「試讀」名單，二十三年十月一日，北京大學檔案館，檔案編號：ＭＣ193401：1，第106頁。

〔註15〕張昌華：《最後的閨秀——張充和先生剪影》，《江淮文史》，2007年第5期，第54頁。文憑造假是實，但其畢業學校的說法有誤，因爲北京大學的檔案顯示，張充和當年報考時填報的中學畢業學校爲甘肅省立第一中學，而不是寧夏某中學。北京大學註冊組：《國立北京大學二十三年度學生一覽》，「試讀」名單，二十三年十月一日，北京大學檔案館，檔案編號：ＭＣ193401：1，第106頁。

〔註16〕《待遇蒙藏學生章程》（1929年7月22日公佈），《蒙藏學生就學國立中央北平兩大學蒙藏班辦法》（1929年7月24日訓令），《優待新疆西康學生辦法》（1929年9月10日訓令），教育部：《現行重要教育法令彙編》，南京：教育部印行，1930年4月版，學校教育部份第102～106頁。

〔註17〕在一份「本校全體女生及蒙藏生名單」的北大檔案上記錄了當時寧夏省唯一的一名學生資料，就是張旋，即張充和的，其籍貫寫的是寧夏中衛，而北大將其與其他邊疆或蒙藏學生列在一起，其用意是不言自明的。《國立北京大學1934年度各省學生一覽》（手抄本）（二十三年十月編，北京大學檔案館，檔案編號：ＭＣ193401：2）第51頁。

　　在北洋政府年代，清華是由外交部主管的，外交部的官僚利用了職權來玩些花樣，也不一而足；最掩飾不來的一例是曹汝霖把他的兒子，作為新疆省的名額，送了進來；掩飾不來的是：（一）他冒了籍；（二）未經哪怕是形式上的考試。〔註18〕

另一位民國名人梁實秋也有通過「合法」「冒籍」而考入清華學校的特別經歷，他「不打自招」地說道：

　　（清華學校）每年招考學生的名額，按照各省分擔的庚子賠款的比例分配。我原籍浙江杭縣，本應到杭州去應試，往返太費事，而且我家寄居北京很久，也可算是北京的人家，為了取得法定的根據起見，我父親特赴京兆大興縣署辦理入籍手續，得到准許備案，我才到天津（當時直隸省會）省長公署報名。我的籍貫從此確定為京兆大興縣，即北京。〔註19〕

1915年，梁實秋參加了清華學校在直隸省的招生考試，報考者有30多人，清華按規定分配給直隸省的錄取名額只有 5 名，經過初試和復試，梁實秋順利地考進了清華學校。當然，在梁實秋及其家人看來，他們經過努力更改籍貫，就能取得了以北京生源的身份報考清華的合法資格，因此梁實秋說：「為了籍貫的關係，我在直隸省京兆大興縣署申請入籍，以便合法的就近在天津應考」。〔註20〕

　　與其他人相比，梁實秋的「冒籍」顯得文明一些，在當時也是合法的，但梁的做法在客觀上卻佔用了當時清華在直隸省的招生名額。當時的「冒籍」現象與當今的「高考移民」現象有驚人的相似之處，但是現在的高考制度及戶籍制度比民國時期要更加嚴格得多，許多早已離開原籍多年的普通考生再也沒有當年梁實秋那麼幸運，如今，他們正在為爭取在居住地參加「異地高考」的權利而努力，但如何協調這些「異地」考生與「本地」考生各自的合法權利，似乎至今仍然在考驗著中國人的智慧。民國的經驗教訓或許可以為當今的改革者提供一定的參考和借鑒。

〔註18〕　潘光旦：《清華初期的學生生活》，中國人民政治協商會議全國委員會文史資料研究委員會：《文史資料選輯》（第三十一輯），中華書局，1962 年 7 月版，第 67～68 頁。

〔註19〕　梁實秋：《梁實秋自傳》，南京：江蘇文藝出版社，1996 年 6 月第 1 版，第 38 頁。

〔註20〕　梁實秋：《梁實秋自傳》，南京：江蘇文藝出版社，1996 年 6 月第 1 版，第 38～39，2 頁。

考生在報考時能否如實填寫姓名、年齡及籍貫等內容，看似小問題，但在一定程度上卻反映出高校招生與入學制度的民主自由及法治與文明程度，當然同時也反映出一個社會的文明程度。在制度尚不健全甚至有些混亂的民國時期，也許當時的傳統社會認為這些問題是小節，因而出現過一些「冒籍」、冒名頂替、假報年齡、文憑造假等現象。然而，時至今日，雖然歷經長期的精神文明建設，但是有關媒體曝光後，人們發現，這些現象不僅沒有絕跡，反而更加猖獗，其中的制度原因值得反思。可見，如何防範考生在這些方面弄虛作假的問題非同小可，直接關係到反腐敗鬥爭和社會誠信建設的成敗，當然也關係到社會的公平、和諧與穩定，也許民國時期的經驗教訓值得後人借鑒。

（4）自由寬鬆的報考志願

考生在報名時，一般還要在報名表上填報學習的志願，但一般只要求填報想進某學院，如文、理、法、商等學院學習，而不必填寫學科、系或專業等比較詳細的情況。

例如，張中行曾回憶說：

> 先說第一次的入學，由投考報名說起，時有鬆有緊。……所謂鬆是只填考某院（文、理、法）而不填考某系，更不細到系之下還要定專業。這鬆之後自然會隨來一種自由：可以選某一院的任何系，如考取文學院，既可以選讀歷史，也可以選讀日語。〔註21〕

可見，當時考生在報考北大填報志願時是相當自由寬鬆的，特別是報考時可以只填寫學院而不必填學系或專業的做法，可以讓新生入學後有更多自由選擇的空間。當然，這也是是國際通行的做法。

2. 填寫體格檢查表

報考者在填寫完報名登記表及各種履歷表後，一般還要填寫體格檢查表等。

顯然，填寫體格檢查表是為檢查體格準備的。例如，北京大學招生簡章規定，報考者在交相片之後，「其體格單由報名處黏貼相片，並戳印排定之檢查體格日期時間於其上，由報名者帶回」。〔註22〕

〔註21〕張中行：《負喧瑣話》，哈爾濱：黑龍江人民出版社，1986年9月第1版，第96頁。

〔註22〕《國立北京大學招考簡章》（民國十三年修訂），《北京大學日刊》第1488號，1924年6月7日。

1932 年，廈門大學的招生簡章規定，考生報名時必須填寫並上交體檢表：「入學試驗體格檢查表（該表由體格檢查處送交）；注意：以上手續如未完全者雖考試及格概不錄取」。〔註23〕

（二）呈驗證書

按照民國政府的有關規定及各高校招生簡章，各高校在招生時對報考者一般都有最低的學歷資格要求，因而考生在報名時一般必須呈驗中學畢業證書或學校開具的畢業證明書或成績證明書等有關證明文件，例如，私立廈門大學 1932 年夏公佈的招生簡章規定：「大學預科或高級中學畢業生須呈繳畢業證書，插班生須繳大學預科或高級中學畢業證書、大學轉學成績證明書」。〔註24〕

1. 報名時學歷資格查得「緊」

民國時期，各高校對考生的畢業證書的審查相當嚴格，例如，根據南京高等師範學校的有關規定，考生必須呈交畢業證書，「隨時查出有不實者得隨時令其退學」。〔註25〕

在中學畢業生數量比較少的情況下，如果按照嚴格審查學歷資格，有的知名度不高的高校可能會難以招收到足夠的新生，這些高校往往降格以求，招收部份具有同等學力的考生。當然，同等學力生報考也要提交相關的證明文件。例如，根據 1946 年修訂的國立上海商學院學生學則規定，以同等學力報考的資格必須是：「因戰事關係失學一年以上並於失學前曾修滿高中二年級課程，繳驗原肄業學校成績證書，經審查合格者（曾在職業學校、師範學校肄業生不得以同等學力報考）」。〔註26〕

即使是在家自學的同等學力考生在報考時也須呈交由家長或輔導教員提供的證明書。例如，1944 年 7 月，北洋工學院的招生簡章規定，「未經入學在

〔註23〕 黃宗實、鄭文貞：《廈門大學校史資料》（第一輯）（1921～1937），廈門：廈門大學出版社，1987 版，第 87 頁。

〔註24〕 黃宗實、鄭文貞：《廈門大學校史資料》（第一輯）（1921～1937），廈門：廈門大學出版社，1987 版，第 87 頁。

〔註25〕 《南京高等師範學校招考學生簡章》（時間約為 1916 年至 1919 年期間），本書編輯組：《南大百年實錄・中央大學史料選（上卷）》，南京：南京大學出版社，2002 年 05 月第 1 版，第 81 頁。

〔註26〕 《國立上海商學院院務月刊》第 1 卷第 1 期，1947 年 1 月 15 日出版。

家自修，經家長及授課之教員證明，自修各門課程之成績具有高中畢業程度者」。〔註27〕

對於民國的國立大學來說，似乎不存在報考生源不足問題，因此國立大學對考生報考入學的學歷資格審查一般是比較嚴格的。1930 年代初報考北京大學的學者張中行回憶道：「先說第一次入學，由投考報名起，時有鬆有緊。所謂緊是指報名資格，一定要是中等學校畢業，有證書證明」。〔註28〕

有的教會大學對學生的入學學歷資格要求也不低。例如，民國初期，東吳大學開設法科，並傚仿美國著名法學院的做法，招收的學生至少須有兩年大學學歷。由於法科每年註冊學生總數以超過百分之百的比例增長，入學標準也不斷提高。1920 年，該校規定，新生必須畢業於正規中學並在認可的學院或大學裏修滿兩年課程，至於那些來自著名大學的申請者，可直接錄取爲新生。後來，隨著申請入學人數的增加，爲保證質量，並和美國學校的標準相統一，自 1924 年起，學校又進一步提高了入學標準，要求所有入學者都必須在入學前完成學士課程或至少修完三年的大學課程。〔註29〕

而對於師範學校畢業的學生來說，如果想繼續報考大學深造，需要提交的證明文件還包括服務期滿證明書。例如，國立上海商學院《學生學則》規定，享有報考資格的考生包括：「曾在公立師範學校或前高中師範科畢業得有畢業證書或升學證明書並於畢業後服務三年期滿得有證明書者」〔註30〕

民國有的高校還要求考生提供中等學校校長的介紹信。例如，私立滬江大學的一份「新生入學通則」規定：報考者須修完新制中學六年課程，或修滿高中課程而程度稍遜者，可投考大學預科；須親自或致函向學校索要報名書，包括填寫志願書，交相片、報名費，並附交中學畢業證書或畢業證明、學業成績、校長介紹信與保證書。〔註31〕

〔註27〕北洋大學、天津大學校史編輯室：《北洋大學：天津大學校史（第一卷）》，天津：天津大學出版社，1990 年 9 月第 1 版，第 292 頁。

〔註28〕張中行：《負喧瑣話》，哈爾濱：黑龍江人民出版社，1986 年 9 月第 1 版，第 96 頁。

〔註29〕王國平：《博習天賜莊——東吳大學》，石家莊：河北教育出版社，2003 年版，第 54，70 頁。

〔註30〕《國立上海商學院院務月刊》第 1 卷第 1 期，1947 年 1 月 15 日出版。

〔註31〕《私立滬江大學一覽》（1935～1936 年），上海：滬江大學，1935 年出版，第 31 頁。

當然，如果是保送入學的考生，還必須交保送書，例如，南京高等師範學校招生簡章規定了對呈繳保送書的要求，必須由省行政長官或地方行政長官或畢業學校校長保送，並注明投考何科，及第一志願、第二志願，「以便考試結果，如投考某科因額滿，見遣得酌量撥入不足額之科」。〔註32〕

另外，享受優待政策的考生可能還必須提供其他有關的證明文件。例如，國立上海商學院學生學則規定，「曾經修滿高中二年級課程之從軍退伍學生得有原肄業學校證件及退伍證書者」可以報考該校。〔註33〕

可見，由於各高校對報考資格的審查相當嚴格，這個環節成為考生能否報考成功的關鍵之一。

2. 道高一尺：提高入學門檻

在實際的招考過程中，民國高校專門針對報考者入學學歷資格的審查制定了相當嚴密的具體操作規則。例如，早在 1920 年代初，北京大學的招生簡章及入學考試規則就曾專門規定：

> 報名者必須當時呈繳證書，所有聲請先准報名隨後補繳證書等情事，概不通融。
>
> 報名時，如有持五年前畢業證書者，須特別審查。
>
> 本年畢業尚未領到證書者，必須有該生畢業學校之本年正式畢業證明書。
>
> 去年畢業學生，持該校去年所給畢業證明書及今年補給之畢業證明書，均無效。
>
> 一切私人函件證明資格、請准報名，均無效。〔註34〕

同時，民國政府也會要求各高校採取一些措施來防範考生使用假文憑或畢業證明書。例如，1927 年 10 月 20 日，北京大學校務會議通過了一項議決案：各科部新招學生，以前所歷學校畢業證書應從速檢送，以憑匯呈教育部審核。〔註35〕

〔註32〕　《南京高等師範學校招考學生簡章》（時間約為 1916 年至 1919 年期間），本書編輯組：《南大百年實錄·中央大學史料選（上卷）》，南京：南京大學出版社，2002 年 05 月第 1 版，第 81 頁。

〔註33〕　《國立上海商學院院務月刊》第 1 卷第 1 期，1947 年 1 月 15 日出版。

〔註34〕　《國立北京大學招考簡章》（民國十三年修訂），《北京大學日刊》第 1488 號，1924 年 6 月 7 日，《國立北京大學入學考試規則》（民國十四年修訂），《北京大學日刊》第 1698 號，1925 年 5 月 20 日。

〔註35〕　《校務會議議決案》，《國立京師大學文科週刊》第一、二期合刊，1927 年 11 月 4 日。

　　而隨著中學畢業生人數的增加，出於提高高校新生程度的需要，同時也為了加強對高校入學新生的控制，民國政府對報考入學學歷資格的要求也明顯提高，使各校招考的同等學力比例逐漸下降。在有些時期，政府甚至禁止高校招收同等學力考生。由此，各高校對入學學歷資格的審查更加嚴格。教育部曾於 1929 年 6 月 25 日專門發布《嚴格規定招考學生入學資格》訓令，要求各級學校招考學生時須審查入學資格，「專門以上學校入學資格，須在高級中學或同等學校畢業，不得收受同等學力之學生」。〔註36〕

　　南京國民政府時期，教育當局加強了對畢業證書的發放、驗印和使用的規範和管理。1930 年 8 月 2 日，教育部發布訓令，要求對冒用他人畢業證書報考進入高校者學習者進行嚴厲懲罰，冒用者即使已經大學畢業，一經發現，高校也應當撤銷其畢業資格，追繳並注銷其畢業證書，同時呈請主管教育行政機關備案，並登載公報，「以昭炯戒而杜流弊」；1933 年 6 月 13 日，教育部公佈了《學校畢業證書規程》，規定學校畢業證書必須經過教育行政機關的驗印方為有效，並規定了統一的證書樣式和填寫格式和方法；同年 9 月 23 日，教育部又發布訓令，要求對偽造證書考入高校的新生給予開除學籍的處分，並對依靠官廳信印者移送法院究辦。〔註37〕應當說，民國政府的這些措施對規範學校畢業文憑的發放和使用及防止或減少文憑造假的現象有一定的震懾作用。

　　3. 魔高一丈：偽造假文憑報考

　　而由於各高校有入學的學歷資格限制，有些沒有正規高級中學畢業證的考生為了實現上大學的夢想，往往使用假文憑報考高校，這樣的人不在少數。有些後來成名的人物也不乏這樣的經歷，例如近年來被譽為「最後的民國才女」張充和。據近年採訪過張充和的媒體報導說：「當時北京報紙在大學新聞欄報導此事（按：指張數學考零分被「破格錄取」一事），不過說該生名『張旋』——那是充和有意用的假名，連她的中學文憑也是假的，是弟弟宗和託在寧夏當中學校長的朋友幫忙出具的」。〔註38〕

〔註36〕《嚴格規定招考學生入學資格》，教育部：《現行重要教育法令彙編》，南京：教育部印行，1930 年 4 月版，通則部份第 131 頁。

〔註37〕教育部：《教育法令彙編》第一輯，上海：商務印書館，1936 年 1 月版，第 83～86，88 頁。

〔註38〕張昌華：《最後的閨秀——張充和先生剪影》，《江淮文史》，2007 年第 5 期，第 54 頁。北京大學的檔案顯示，張充和當年報考時填報的中學畢業學校為甘

　　可見，爲了獲取寶貴的大學教育機會，一些學業優異或一向向學但學歷不達標的青年學子不得不採取弄虛作假的手段，僞造假文憑，並由此形成假文憑流行的現象。1930 年代初，爲了克服學歷資格不合格無法報考大學的困難，後來成爲歷史學者的周一良其就曾僞造假文憑報考北平的輔仁大學，他曾詳細回憶了當時的經過：

　　　同時我也廣泛涉獵了北平幾所大學出版的「國學」刊物，如……，對北平的文史學界有所瞭解，因而有志於到北平的大學去讀書。

　　　這時我父親大約也看到私塾沒有出路，同意我去北平上學的要求。但我一無數理化知識，二無高中文憑，不能投考正規大學本科。夙所向往的清華大學國學研究院已經停辦，而燕京大學設有訓練中學國文教員的兩年制國文專修科，不需任何文憑與資歷，只考中文和史地。我於是在 1930 年夏報考了燕大的國文專修科，……

　　　到北平熟悉了大學情況以後，我感到國文專修科非舊日所謂的「正途出身」，不是長遠之計。所以不想等到畢業，即急於另謀出路，設法進入大學本科。當時北平流行製造假文憑，琉璃廠的刻字鋪兼營這個生意。我家鄉秋浦縣有一所周氏家庭辦的宏毅中學，我就假藉此名，並未與學校打任何招呼，請刻字鋪僞造一張私立宏毅中學高中畢業的假證書。一般情況下，北平的大學是不會費事去核實的，但是比較知名的五大學（北大、清華、師大、燕京、輔仁）情況有所不同。其中只有輔仁大學當時剛成立不久，制度很不嚴密，文憑蒙混過關的可能性較大。果然 1931 年夏天我在輔仁報上了名，放棄國文而改入歷史系，這樣就定了我的終身。〔註39〕

由此可知，上述 1934 年報考北京大學的張充和使用假名和假文憑是違反當時有關法令法規的，其故意更改籍貫報考北大，也是不合理不合法的。可能正是當時由於北大的言論比較自由，知情者能夠在校刊上發布打油詩公開抨擊

肅省立第一中學，而不是寧夏某中學。註冊組編《國立北京大學二十三年度學生一覽》，「試讀」名單，二十三年十月一日，北京大學檔案館，檔案編號：M C 193401：1，第 106 頁。
〔註39〕周一良：《畢竟是書生》，北京：北京十月文藝出版社，1998 年版，第 13～16 頁。

這種不合理現象，才使北大當局不得不在半年之後將張充和改為旁聽生。可見，制度往往會有漏洞，法治是必須的，而言論自由也必不可少，校務公開和民主的監督及自由的輿論監督是治療招生腐敗的良藥。

（三）交納報考費用和相片

一般來說，民國考生在報考大學時必須繳納報名考試費，至於費用的名目、金額及相片的尺寸大小，都沒有統一的規定，民國各高校各自為政，當然各不相同。

1. 不菲的報考費用

民國初期，有的高校（主要是師範類高校）規定，如果考試沒有被錄取，則可按規定將報名時繳的考試費退還給考生，例如，1915 年，南京高等師範學校的招考簡章規定：報名費三元（不取者發還，取者於應繳費下照扣）。〔註 40〕

又如，1920 年代中期，中國公學的有關章程規定：

> 報考者應納費如下：（甲）報名費一元。（乙）入學保證金五元（此款如錄取而不來校，不還，考試而不取，還之，考取到校，則移充損物保證金）。〔註 41〕

當然，多數高校一般不會退還考生交的考試費用。例如，1932 年私立廈門大學招生簡章上寫得很清楚：報名費二元（錄取與否概不退還）。〔註 42〕

實際上，民國多數時期，特別是中後期，多數高校都會在招考簡章中規定，由於經濟危機，或報考人數太多，學校組織考試的費用較大，「既繳考試費及相片，概不退還」。〔註 43〕

〔註 40〕 《南京高等師範學校招考簡章》（1915 年 8 月），本書編輯組：《南大百年實錄‧中央大學史料選（上卷）》，南京：南京大學出版社，2002 年 05 月第 1 版，第 78 頁。

〔註 41〕 《中國公學史料拾零》，中國社會科學院近代史研究所近代史資料編輯組：《近代史資料》（總 69 號），北京：中國社會科學出版社，1988 年 8 月第 1 版，第 131 頁。

〔註 42〕 黃宗實、鄭文貞：《廈門大學校史資料》（第一輯）（1921～1937），廈門：廈門大學出版社，1987 版，第 87 頁。

〔註 43〕 《國立北京大學招考簡章》（民國十三年修訂），《北京大學日刊》第 1488 號，1924 年 6 月 7 日，《國立北京大學入學考試規則》（民國十四年修訂），《北京大學日刊》第 1698 號，1925 年 5 月 20 日。

　　由於民國多數時期沒有組織全國統一的聯合招考，如果一次沒有招滿預定的新生人數，各高校往往會舉行另一次招生入學考試，有的高校甚至一年好幾次招考，一方面固然是為了招收到比較優質的生源，但另一方面，似乎也不排除有借多次招考的機會賺取考生報考費的動機在內。

　　例如，1930 年代北平的朝陽大學在這方面就表現得相當精明，據季羨林回憶說：

> 　　有的大學，比如朝陽大學，一個暑假就招生四五次。這主要是出於經濟考慮。報名費每人大洋三元，這在當時是個不菲的數目，等於一個人半個月的生活費。每年暑假，朝陽大學總是一馬當先，先天下之招而招。第一次錄取極嚴，只有少數人能及格。以後在眾多大學考試的空隙中再招考幾次。最後則在所有的大學都考完後，後天下之招而招，幾乎是一網打盡了。前者是為了報名費，後者則是為了學費了。〔註44〕

民國時期的教會高校總是顯得有些特別，在收取考生報考費用方面也不例外，考生如願多交考試費的話，或許可以享受一些特殊的待遇。例如，1917年 8 月公佈的《湘雅醫學專門學校招生簡章》規定，長沙之外的地方如京、漢、滬、廣等處，「如有五人以上，同時通知本校，而各人先納特別考試費五元者，得在各該處受特別試驗。如確有入本校本科資格而有本校承認學校之憑證者，得免試驗逕入本科第一年級。凡投考預科者均須一律受試」。〔註45〕

　　後來的民國政府為了規範各高校的收費行為，曾專門對各校招生收取考試費用問題作出明確規定。例如，南京國民政府時期，中央政府對各級學校招生時徵收報名費一事作出了專門的規定。1936 年 2 月 18 日，教育部公佈《限制各級學校徵收報名費辦法》，要求專科以上學校徵收報名費「以不超過一元為度」，還規定，「報名費專充考生點心膳食等項之費用」，「廣告費及試驗費應於學校假期內之辦公費項下開支」，「專任教員閱卷，不得另送薪水，兼任教員如薪水不以十二個月計算者得酌送車費，其數目應由各省市教育廳局規定，以歸一致。此項費用亦由學校辦公費項下開始」。〔註46〕

〔註44〕季羨林：《1930～1932 年的簡略回顧》，《清華校友通訊》復 49 期，2004 年 4 月。
〔註45〕《教育雜誌》第九卷第八號，1917 年 8 月。
〔註46〕教育部：《教育法令彙編》第一輯，上海：商務印書館，1936 年 7 月，第 475 頁。

又如，在 1938 至 1940 年全國公立高校實行聯招或統招期間，根據有關規定，1938 年國立各院校統一招生各處徵收學生的報考費爲「不得過三元」。1940 年徵收學生的報名費「不得過二元」。〔註47〕

從以上事例可以發現，民國的高校在招生收取報名費時，也存在著高校與學生的博弈，而政府在平衡雙方力量博弈中扮演了的重要角色並起到了良好的調節作用。

2. 不小的個人相片

民國初期，根據一般高校的要求，考生在報考時一般必須交四寸的半身相片，還須根據有關規定注明姓名、年齡、籍貫通信地址，並請畢業學校校長簽名蓋章。例如，南京高等師範學校招考學生簡章規定，報考時應繳個人「最近 4 寸半身相片（勿黏厚紙上，於背面注明姓名、年齡、籍貫、通信處並請畢業學校校長署名蓋印）」。〔註48〕1920 年代中期的中國公學規定，考生報名時須「呈繳最近四寸半身照像一張」。〔註49〕

1932 年，廈門大學公佈的招生簡章也有類似的規定，要求報考者交「最近四寸半身相片三張（相片背後須注明姓名、年齡、籍貫、或肄業學校及通信處，並須經原校校長蓋章證明）」。〔註50〕

可能由於當時的照相技術不夠先進，爲了防止冒名頂替現象，高校不得不要求考生在報考時呈繳尺寸比較大的個人相片。而如今，考生報考時，一般只需交一寸的證件照，或由高校指定的專業攝影機構爲考生拍攝數碼證件照，自然也無需蓋章證明了。

（四）體格檢查

民國時期，考生在報考時一般要經過體格檢查的程序，當時的體格檢查的主要內容是檢查身體主要器官有無重大疾患。

〔註47〕《教育通訊》第 3 卷第 21 期，1940 年 6 月 1 日。

〔註48〕《南京高等師範學校招考學生簡章》（時間約爲 1916 年至 1919 年期間），本書編輯組：《南大百年實錄·中央大學史料選（上卷）》，南京：南京大學出版社，2002 年 05 月第 1 版，第 81 頁。

〔註49〕《中國公學史料拾零》，中國社會科學院近代史研究所近代史資料編輯組：《近代史資料》（總 69 號），北京：中國社會科學出版社，1988 年 8 月第 1 版，第 130 頁。

〔註50〕黃宗實、鄭文貞：《廈門大學校史資料》（第一輯）（1921～1937），廈門：廈門大學出版社，1987 版，第 87 頁。

　　例如，北京大學 1924 年公佈的《國立北京大學招考簡章》規定：「無論投考本科預科，須於考試前檢查體格。檢查體格注意肺臟、心臟等重要臟器，不合格者不得應初試」。〔註51〕

　　當然，也有的民國高校（特別是師範類高校），在組織考生體檢時比較注意檢查考生的身體發育及相貌等有無重大缺陷。例如，民國初期的南京高等師範學校招考時特別注重對考生體格的檢查，1915 年 8 月，時任校長的江謙在報告招考情況時說：

> 考試手續如各科程度合格，須受口試及體格檢查，而尤以體格爲最重。蓋以師範爲教育事業，教育爲精神事業，非有完全強健之軀幹爲眞實之基本，則畢業後，科學程度縱有可觀，而屢弱之肢體不足以發展其文明之思想，對於應盡之職務，即未易收良好之效果，此其隱微之損失，於教育前途影響甚巨。故本校招考，凡科學合格，錄登初榜者，除由學監先行口試，以察品性外，並請中西醫士嚴行檢查體格，凡體弱者，概行汰去，藉以警覺學生，注重體育之心，以冀養成精神強健之師範，此錄取學生資格之狀況也。……本校錄取學生，除試驗學科外，以體格強弱爲標準。
> 〔註52〕

曾任臺灣「教育總長」的著名地理學家張其昀當年就差點因爲沒有通過南高師的體檢關而失去進入高校學習的機會。事情的經過大致是這樣的：1919 年，張其昀投考國立南京高等師範學校。雖然他在筆試和口試中表現優異，給當時該校著名歷史教授柳詒徵留下了深刻的印象。但在發榜之前，錄取名單上卻沒有張其昀的名字，柳詒徵感到奇怪，仔細核對後才發現，張其昀沒有被錄取的原因就是因爲體格檢查不及格，校醫在張其昀的體檢表上寫著英文「Very thin built」，意思是身體太單薄。就在張其昀已經被淘汰之際，柳詒徵提出覆議，認爲張其昀各科考試都很優秀，就這樣放棄太可惜，並說自己少年時期體質也很弱，中年以後才飽滿起來。由於柳詒徵在當時是知名學者，

〔註51〕　《國立北京大學招考簡章》（民國十三年修訂），《北京大學日刊》第 1488 號，
　　　　　1924 年 6 月 7 日，《國立北京大學入學考試規則》（民國十四年修訂），《北京
　　　　　大學日刊》第 1698 號，1925 年 5 月 20 日。
〔註52〕　江謙：《關於南京高等師範學校開辦狀況報告書》（1915 年 8 月），本書編輯組：
　　　　　《南大百年實錄・中央大學史料選（上卷）》，南京：南京大學出版社，2002
　　　　　年 05 月第 1 版，第 46～47 頁。

威望較高，南高師最終同意了他的意見，張其昀因此被重新錄取，且名列榜首。〔註53〕

民國時期，考生報考大學時，學校組織體檢的時間一般定在考生參加入學考試之前，因為一般認為，如果體檢不合格，也就沒有必要參加入學考試了，所以體檢不合格的考生，在有的高校，連參加入學考試初試的機會都沒有，如上述提到的北京大學。當然，由於民國政府沒有對高校招生的體檢時間的統一規定，有的高校組織體檢的時間往往不一致，有的在報考時進行，有的則在考試前夕進行。例如，1920 年代初，廈門大學招生時就是將體格檢查安排在考試的前兩天之內進行。〔註54〕

考生參加體檢的地點一般在學校醫務室、或校方指定的醫院。例如，廈門大學在 1932 年招生時對體檢地點的規定為：「廈門在本校醫藥課檢查，其他各處由招生代辦處臨時指定之」。〔註55〕

南京國民政府時期，各高校的體檢制度逐漸走向規範化和制度化。例如，1934 年 10 月 24 日，北京大學校務會議議決並修正通過了由校長提出的本校學生體格檢驗規程草案。〔註56〕

當然，體檢完畢之後，考生應將體格表上交給所報考高校的招生處，然後由高校審核決定是否允許其參加入學考試。

私立廈門大學甚至將體格檢查視為入學試驗的必要組成部份，正如其1930 年代初招生簡章中所規定的那樣：「投考本大學各學院者除體格檢查外，應受左列之學科試驗……」。〔註57〕

由此可知，民國時期的考生在報考時必須通過體格檢查這個重要環節，因為當時的高校非常重視體格檢查，甚至將其與入學考試這個重要環節相提並論，因此民國學子們決不會等閒視之。

〔註53〕 王永太：《鳳鳴華岡——張其昀傳》，杭州：浙江人民出版社，2006 年 4 月第
　　　　 1 版，第 4～5 頁。
〔註54〕 《申報》1921 年 2 月 1 日，1922 年 5 月 28 日。
〔註55〕 《廈門大學一覽》（1931～1932 年度），廈門：廈門大學印刷所印，第 53 頁；
　　　　 黃宗實、鄭文貞：《廈門大學校史資料》（第一輯）（1921～1937），廈門：廈
　　　　 門大學出版社，1987 版，第 88 頁。
〔註56〕 《北京大學週刊》第一二一號，1934 年 10 月 27 日。
〔註57〕 《廈門大學一覽》（1931～1932 年度），廈門：廈門大學印刷所印，第 48 頁。

（五）領准考證，複習備考

准考證是考生進入考場的正式憑證，上面一般貼有考生的照片，並蓋有學校的關防印章，以防止考生請人代考。對高校指定的考試範圍內容進行適當的複習是考生必須做的準備工作。

1. 領取准考證

報考者在報名時如果全部完成了上述步驟，並順利通過所報學校的審核，則可以從學校領取到參加入學考試的准考證。

例如，當年楊絳一心想進清華大學讀書，但她中學畢業時清華沒有在上海招考，她沒辦法報考，只好選擇了東吳大學，後來，楊絳決定以插班生身份報考清華，楊絳對記者回憶道：「名也報了，准考證也拿到了」，但最終因她大弟病危而沒法抽空去參加考試。〔註58〕

2. 複習內容

在領到准考證後，考生就可以準備參加高校組織的入學考試了。但如何準備，及複習哪些內容則取決於各高校在招生簡章上指定的知識內容、範圍和程度。由於民國各高校自行組織招生考試，各自指定的考試範圍和程度也各不相同。有的高校會指定參考書目或必須達到的程度。因此，考生必須根據所報考高校的有關規定認真複習準備，以便在入學考試中考出好成績。

有的高校會為考生提供一定的備考複習教學服務，如辦補習班或輔導班，幫助考生複習；有的機構則為考生編寫有關的複習指導資料，如歷年考試試題之類。民國的考生當然也可能根據自己的學業基礎選擇所需。

3. 備考方式

在準備投考大學的過程中，民國的學子們一般可能出現兩種情況。有的人並不認為花費太多的時間和精力去準備考試是值得的，因為他們一般可以根據以往入學試卷的難度及已經考取者的水平進行初步推斷，如果認為通過考試並被錄取應該沒有什麼大的問題，當然就用不著拼命去進行知識方面的準備工作了。一般而言，這樣的考生往往可能很輕鬆就考取了。相反，有些人雖然緊張地拼命複習有關的書本知識，但考試完畢結果出來之後卻名落孫山。這種例子在一些名人的回憶錄中是不少見的。

〔註58〕張者：《文化自白書》，北京：北京廣播學院出版社，2004年10月第1版，第29頁。

1933 年 9 月，張充和來到北平，參加三姐張兆和與沈從文的婚禮，之後她決定留在北平，她像許多人一樣，在北京大學旁聽，準備參加第二年的北大入學考試，下面這段文字描繪了她當時的考試準備情況：

> 充和並沒有花太多時間來準備入學考試。考試內容包括四個領域——國文，歷史，數學和英語，其中的前兩門，從她六歲開始，合肥的家庭老師們就已經爲她打好了基礎。她在父親的學校中學了一年英語，然後在上海中學裏又學了一年，她覺得這門語言並不難掌握。至於數學則不大一樣，在課堂裏她學不會，所以很多人都試圖提供幫助——她的兄弟，以及兄弟的朋友們，她的姐姐和姐姐的老師們，大學同學，甚至有西方留學歸來的高學曆人士。結果沒人取得成功。她就是搞不掂數學。十六歲以前，她從來沒接觸過數學，突然之間，她就要面對證明題和代數方程序。她看不出學數學意義何在，也不明白該從何入手。充和又是個很頑固的人，在準備考試的幾個月裏，她幾乎沒把數學放在心上，更別提採取什麼補救措施了。那一年，有數千名學生從全國各地來到北平，爭奪全國最好的五所學校那幾百個錄取名額。考試的當天，家人爲充和準備了圓規和曲尺。「我沒用，」她說，「因爲我簡直連題目都看不懂。
>
> 她數學考了個無可爭議的零分，但同時她的國文卻得了個滿分，這種結果給考試委員會惹了不少麻煩。〔註59〕

（六）參加入學考試

民國時期，由於政府多數時期沒有統一組織高校招生的考試，各高校大多自行組織新生的入學考試，因此廣大考生在參加各高校入學考試的時間沒有統一規定，考試過程中的實際情形當然也往往不一樣。這裡以考生參加北京大學及清華大學組織的入學考試爲例，著重討論考生參加入學考試的時間問題，及有關考試情形和考試風氣問題。

1. 考試時間

民國多數時期，由於各高校自行組織招生考試，各校的招生入學考試日期不一致，各大學還往往有意將考試日期錯開。以二十世紀 30 年代北京各大學的招考日期爲例，據 1934 年考入清華大學的季羨林回憶說：

〔註59〕 金安平：《合肥四姊妹》，凌雲嵐等譯，北京：生活・讀書・新知三聯書店，2007 年 12 月第 1 版，第 295～296 頁。

當時到北平來趕考的學子，不限於山東，幾乎全國各省都有，連僻遠的雲南和貴州也不例外，總起來大概有六七千或者八九千人。那些大學都分頭招生，有意把考試日期分開，不讓學子們顧此失彼。〔註60〕

在此情形下，民國的考生一般就可以在不同的時間，參加數所高校組織的入學考試。

2. 考試情形

由於沒有統一的制度規定，各校組織的入學考試情形往往是不同的，這裡以北京大學為例，說明當時的入學考試情形。北大校友朱海濤1944年在《東方雜誌》上撰文談道：

從而有人編出了一套說詞：「北大三部曲：投考時是『凶』，入校後是『鬆』，畢業肚中『空』。」此中得失，不妨細細道來。

每年夏季，天下英雄，會於燕市。這些才出高中的青年們目標類皆集於北大與清華。因此兩校有著最優先的機會選拔最優秀的學生。通常報考的人，在北平一處即在三千以上。但錄取的名額，總不過三百多人。兩者比例的懸殊至少是十與一。換句話說，每一個考北大的學生，都得壓倒二千七百以上的競爭者，才能進入門牆。當你走近大紅樓，看著無數無數的年青人從四面八方湧來，藍布大褂，西裝，學生服，墨盒，自來水筆，三角板，圓規，漂亮的，不漂亮的，城裏人，鄉巴佬，黑壓壓地將大紅樓圍住，在心靈上你就不因不由地受了威脅。當你依照准考證的號數，也許是三千五百八十一吧，找你的座位時，好容易才尋著了，門口：「第五十七試場」的白紙條，也自然而然地引起你的惴惴。這時毫無他念，一心一意只有許願，「如果讓我考取，我一定不再像從前那樣馬馬虎虎，我要特別用功，十分守規矩！」偏偏題目有時卻故意古古怪怪地為難。

所以「凶」字是有相當根據的。〔註61〕

可見，民國學子在報考名牌高校時的競爭也是非常激烈的。

〔註60〕　季羨林：《1930～1932年的簡略回顧》，《清華校友通訊》復49期，2004年4月。

〔註61〕　朱海濤：《北大與北大人——「凶」「鬆」「空」三部曲》，《東方雜誌》第四十卷第十六號，1944年8月31日發行，第55頁。

3. 考試風氣

在民國時期的高校招生入學考試中，當然也難免會有舞弊現象，但在比較正規的大學組織的入學考試中，由於當時的社會風氣與誠信環境相對好，大多數考生還是能夠潔身自好的。1930 年代的北京大學入學考試可以證明這一點。任繼愈回憶說：

> 記得老北大上一世紀三十年代上海考區有一位應試者發現鋼筆沒有墨水了（當年還沒有圓珠筆，只用鋼筆和毛筆），這一考場的監考者是（課業長，相當於教務主任）樊際昌教授一個人（是北大教育系一位心理學教授），他離開考場去為考生找來墨水，中間離開約有十來分鐘。這中間，考生在無人監視的情況下，秩序井然，大家埋頭答卷，並未發現有違規現象。樊際昌回來後，對大家談起這件意外的遭遇，很欣賞稱讚考生們自律、自覺精神。這種社會的共信精神，反映了當年報考青年的品格。〔註62〕

如今，高考中的集體舞弊和利用高科技手段作弊現象可謂屢禁不止，相比之下，民國時期那種無需監督也能夠保持良好秩序的考風的確值得稱讚。當然，其背後的深層次原因更值得深思，這顯然與利益分配極端不均衡有密切的關係，與優質高等教育資源的分配不公有關。同時，除了社會誠信環境惡化之外，通過行政手段人為地給高校劃分等級也應當是重要的制度原因。

（七）等候錄取結果

先來看一下民國高校錄取考生的情形，以 1930 年代初北大為例，

> 幾門考卷評分都完，以後就又鐵面無私了：幾個數相加，取其和。然後是由多到少排個隊，比如由四百分起，到二百分止。本年取多少人是定好了的，比如二百八十人，那就從排頭往下數，數到二百八十，算錄取，二百八十一以下不要。排隊，錄取，寫榜，多在第二院（理學院）西路大學辦公處那個圓頂大屋裏進行，因為木已成舟，也就不再保密，是有人唱名有人寫。〔註63〕

〔註62〕 任繼愈：《沙灘紅樓老北大雜憶（之一）——招考新生》，任繼愈：《皓首學術隨筆·任繼愈卷》，北京：中華書局，2006 年 10 月第 1 版，第 233～234 頁。
〔註63〕 張中行：《負暄瑣話》，哈爾濱：黑龍江人民出版社，1986 年 9 月第 1 版，第 96 頁。

由於當時的北京大學有一種特別的規定：「入學考試如果有一兩門驚人的出色，即使總平均不及格，仍舊可以錄取」，[註64] 張充和就在這種情況下被北大錄取的，據鄧廣銘回憶：

> 大約在 1934 年，沈從文的妻妹張充和當時被人稱爲張四小姐，報考北大，國文試卷得了 100 分，這份試卷的書法也非常好，英文和史地的分數也都及格，但她的數學試卷卻是零分。當註冊科的工作人員在統計了分數之後，把這一情況向胡適彙報，胡對於張充和的才華素有所知，便想出了一種變通辦法，即把她錄取爲試讀生。到讀完 1 年之後，張的各科考試成績都較好，就轉爲正式生了。[註65]

但是，鄧廣銘的回憶最後一句明顯有誤，因爲後來可能是數學太差或其他什麼原因，張充和在試讀了 7 個月之後改爲旁聽生。[註66]

[註64] 朱海濤：《北大與北大人——「凶」「鬆」「空」三部曲》，《東方雜誌》第四十卷第十六號，1944 年 8 月 31 日發行，第 56 頁。

[註65] 這裡，鄧廣銘關於胡適對張充和才華素有所知的說法與《合肥四姊妹》中的說法不一致。《合肥四姊妹》一書中說：「充和離開學校之後，他才知道兆和與充和之間的關係，不過他曾數次讚賞充和的學問，並在充和打算離校時勸說她不要放棄」。參見鄧廣銘《胡適與北京大學》，原載《燕都》1990 年第 1 期；劉隱霞等編《鄧廣銘學術文化隨筆》，北京：中國青年出版社，1998 年 4 月版，第 257 頁；及金安平著，凌雲嵐等譯《合肥四姊妹》，北京：生活·讀書·新知三聯書店，2007 年 12 月第 1 版，第 297 頁。後來，記者採訪張充和時，她本人的說法或許可以證明胡適至少在張充和考入北大不久就已經認識這位張家四小姐了。但是，鄧廣銘的說法最後一句也不確。根據北京大學的檔案，張充和在讀了 7 個月之後，就轉改爲旁聽生，而不是正式生。檔案顯示，張充和於 1935 年 4 月「改旁聽」，《國立北京大學 1934 年度各省學生一覽》（手抄本）（二十三年十月編，北京大學檔案館，檔案編號：ＭＣ193401：2）第 51 頁。參見裴春芳：《關於張充和先生的生日、假名及其他——答商金林先生》，《名作欣賞》2011 年第 28 期，第 85 頁。

[註66] 至於張被改爲旁聽的原因仍待考，根據她自己的說法似乎也不是因爲數學太差，而令人感到奇怪的是，她本來就已經在北大旁聽了相當長一段時間（1933 年開始在北大旁聽，見張昌華：《最後的閨秀——張充和先生剪影》，《江淮文史》，2007 年第 5 期，第 54 頁），被錄取爲試讀生 7 個月後又重新改回到原來旁聽生的身份，她回憶說當時有人在北大刊物上寫打油詩嘲笑她數學考「雞蛋」，她還記得其中的句子（沈慧瑛：《才女張充和》，《檔案與建設》2005 年第 3 期，第 42 頁），據此似乎可以推測，可能輿論認爲張充和是靠沈從文的關係才由胡適等人「開後門」「破格錄取」的，北大當局當年可能是面臨一定的輿論壓力而將張充和改回旁聽生的，因爲考進文學院後就不用再學數學了（張充和自己後來也曾說過這樣的話），數學差似乎不是轉回旁聽生的原因。

　　因此，當報考者參加完高校組織規定的所有各科考試之後，考生接下來就是耐心地等候考試和錄取結果了。在閱卷評分及錄取合格新生等工作完畢之後，有的高校會將考生的考試成績或錄取名單在校內或學校附近張榜公佈或登報發表。離學校近或在學校有熟人的考生可以直接向學校詢問，或直接看到高校張貼出來的成績排行榜或錄取名單。而對於一些離學校較遠的考生來說（特別是住在外省的考生），他們可以從高校事先與考生約定的報紙或雜誌上看到錄取名單，當然，如果想以更快的方式獲知考試結果，他們也可能請熟人親友將在第一時間內打聽到的錄取結果立即通過電報的方式告知。

　　當然，如果幸運地被高校錄取，考生很快就可以收到通知書。當然，與今天差不多的是，民國時期高校的新生錄取通知書一般也是以掛號信的方式寄出的。有人回憶在收到清華大學錄取通知書時的情形說：「待到榜發，竟然高中，自然歡天喜地」。〔註67〕還有人接到錄取通知書立即就準備到高校去報到，如一名清華大學的校友回憶說：

　　　　記得在 1928 年暑期，我正在浙江吳興家中午餐時，忽然接到掛號信，我被清華大學錄取了。頓時全家歡欣無比，立即整頓行裝，一個從未出過遠門的剛滿 17 歲的小夥子，就這樣赴滬乘海船去津轉京，很順利地到達了清華。〔註68〕

受歷史傳統的影響，北京大學在民國時期被許多人譽為全國「最高學府」，甚至將北大與古代中國的太學相類比，因此，在傳統的中國社會，如果能夠考上北京大學，那是非常榮耀的事情。

　　有人這樣描述當年學子考上北大時收到錄取通知書的情形：

　　　　直到民國二十五年抗戰前夕，考上了北大，用不著看榜，榜名一定，北大的校工便攜同入學志願書，保證書等一應表格，按址到各考生家中，登門「報喜」，說「您府上的學生考上北大了」，隨後由各家贈送喜錢，一如科舉時代報喜的故事。〔註69〕

〔註67〕 朱海濤：《北大與北大人——「凶」「鬆」「空」三部曲》，《東方雜誌》第四十卷第十六號，1944 年 8 月 31 日發行，第 55 頁。
〔註68〕 董兆鳳：《畢業七十年後的回憶》，《清華校友通訊》復 45 期，2002 年 4 月。
〔註69〕 張起鈞：《西南聯大紀要》，陳明章：《學府紀聞：國立西南聯合大學》，臺北：南京出版有限公司，1981 年 10 月版，第 20 頁。

二、選擇自由

1930 年代初，楊絳一心想進清華大學讀書，但她中學畢業時清華沒有在上海招考，她沒辦法報考，只好選擇了東吳大學，第二年，清華大學在上海招考，與她同班的兩名女生乘機考進了清華，第三年，楊絳決定以插班生身份報考清華，名也報了，准考證也拿到了，可是，偏偏在考試的那幾天，她因大弟病危而沒法參加考試。直到讀大四的時候，她請朋友幫她辦理借讀手續才得以進入清華學習，借讀半年之後，楊絳決定報考清華大學研究院，後來終於如願以償。〔註 70〕

從楊絳的經歷來看，當時的考生如果一心想進清華大學，其報考選擇的機會是不少的，除了參加清華組織的正常本科生招考，還可以報考插班生，沒考上的話，還可以借讀，或者直接報考清華研究院。

可見，民國時期，廣大學子們在報考高校時可以自由選擇的機會是相當多的。下面從考生的報考志願、報考機會、報考類別、被取類別及優待政策幾個方面進行論述。

（一）報考志願

民國高校在招考時一般只要求考生填報想考入的學院，而不需要填報學科和系及專業方向等詳細志願。

以北京大學為例，北大校友張中行在回憶當時在填報志願時的選擇自由時說：

> 先說第一次的入學，由投考報名說起，時有鬆有緊。……所謂鬆是只填考某院（文、理、法）而不填考某系，更不細到系之下還要定專業。這鬆之後自然會隨來一種自由：可以選某一院的任何系，如考取文學院，既可以選讀歷史，也可以選讀日語。自由與計劃是不容易協調的，於是各系的學生數就難免出現偏多偏少的現象。例如一九三六年暑期畢業的一期，史學系多到三十六人，其中有後來成為史學家的張政烺；生物學系少到三個人，其中有後來成為美籍華人生物學家的牛滿江。多，開班，少，也開班，這用的是姜太公的辦法，願者上鉤。〔註 71〕

〔註 70〕 張者：《文化自白書》，北京：北京廣播學院出版社，2004 年 10 月第 1 版，第 29 頁。
〔註 71〕 張中行：《負暄瑣話》，哈爾濱：黑龍江人民出版社，1986 年 9 月第 1 版，第 96 頁。

季羨林回憶當年他報考清華時也說：「清華報考時不必填寫哪一個系，錄取後任你選擇，覺得不妥，還可以再選」。〔註72〕

可見，在學科、院系及專業選擇方面，民國的考生在報考高校時是相當自由的。多數人考大學的主要目的並不在於入學考試本身，而在於希望能夠在良好的學習環境和氛圍之中，遇上好的老師和同學並學到自己想學的知識或技能，但如果考上大學之後卻不能夠自由地選擇學科、院系、專業、教師與班級和課程，為何要花費巨大的代價（包括人生最美好的四年青春時光及主要精力與不菲的經濟開支）去讀大學呢？

（二）報考機會

一般來說，考生報考的機會取決於高校舉行招考的次數、時間及地點。民國時期，在一年之內，同一名考生可以在不同的招考時間報考同一所學校，甚至可以在不同的地點報考同一所學校，當然更可以在不同的時間報考不同的學校。這當然都與民國高校可以自行決定各自的招考次數、時間及地點有關。

1. 報考次數

民國初年，政府對高校招考的次數曾有一些規定，例如，教育部於 1912年 11 月 14 日公佈的《公立、私立專門學校規程》規定：「公立、私立專門學校，每學年開始之前，招收本科生一次」。〔註73〕但是，這條只是針對招收本科生的，對於高校招收其他類別學生（如預科生、研究生等）的次數則沒有明確的規定和限制，而且，實際上這條規定對招考次數似乎沒有特別強調，也並不起眼，因而各高校並沒有認真執行，只要第一次招考沒有招滿學生，各高校自然會想方設法開展第二次、第三次招考活動，直到滿計劃的名額為止。

1917 年，正是蔡元培主持的北京大學在一年之內連續三次舉行招考，才讓後來成為北大教授的楊晦抓住了最後一次報考機會並順利地考入北大，他回憶道：

〔註72〕 季羨林：《1930～1932 年的簡略回顧》，《清華校友通訊》復 49 期，2004 年 4月。

〔註73〕《教育部公佈公立、私立專門學校規程令》，潘懋元、劉海峰：《中國近代教育史資料彙編‧高等教育》，上海：上海教育出版社，2007 年版，第 474 頁。

在一九一七年的暑假裏，北京大學連續地招生三次，及格的就錄取，不受名額的限制，這樣，也集中了一批優秀的學生，也使有些學生意外地得到了投考的機會。我就是因爲有第三次的招生，才趕上了報名，考入了哲學系。〔註74〕

任繼愈在回憶20世紀二三十年代北京各高校招考時說：

也有的學校，爲了爭取選擇優等生，提前在北大清華招生之前，先行招考，搶先錄取。先招生，先錄取，固然取得選擇學生的優先權，但學生考取這些學校後，還是要報考北大和清華，一旦考上就不去這類學校報到，錄取得多，報到的少。因此，在報上經常有某某大學第二次招生的廣告。〔註75〕

又如，在抗戰前，燕京大學每年至少舉行五次入學試驗：第一次是春季研究院入學試驗；第二次是承認中學 5 月保薦入學試驗；第三次是外國學生入學試驗；第四次是 7 月普通入學試驗，其中包括投考本科一年級新生、轉學生及投考研究院新生；第五次是研究生第二次入學試驗。〔註76〕考生可以根據自己的實際情況選擇報考。

由此可見，在政府沒有統一規定及組織聯招或統招的情況下，民國各高校可以根據需要決定招考次數。如前所述，即使在統招時期，參加統考的公立高校也可以另外自行組織招考插班生。因此，如果一次招考沒有招滿計劃的學額，民國高校還可以繼續組織招生，這樣，在一年之內，民國的考生當然也就可以享有各高校自行招考帶來的多次報考機會。

2. 報考時間

考生的報考時間受限於各高校的招考時間。

1912 年 9 月 3 日，教育部公佈《學校學年學期及休業日期規程》，其中規定，「各學校以八月一日爲學年之始，以翌年七月三十一日爲學年之終」及「一學年分爲三學期」。〔註77〕教育部在統一規定各學校學年始期爲每年

〔註74〕楊晦：《五四運動與北京大學》，吳泰昌：《楊晦選集》，上海：上海文藝出版社，1987 年 4 月版，第 452 頁。

〔註75〕任繼愈：《沙灘紅樓老北大雜憶（之一）——招考新生》，任繼愈：《皓首學術隨筆·任繼愈卷》，北京：中華書局，2006 年 10 月第 1 版，第 232 頁。

〔註76〕張瑋瑛等、燕京大學校友校史編寫委員會：《燕京大學史稿》，北京：人民中國出版社，1999 年 12 月第 1 版，第 386 頁。

〔註77〕《教育部公佈學校學年學期及休業日期規程令》，北洋政府教育部檔案，中國

八月一日的同時，也將各高校招收一年級新生的時間大致統一爲每年八月。

教育部於 1912 年 10 月 25 日公佈的《各學校招生辦法》（民國元年十月二十五日部令第二十號）規定：

> 各學校以八月爲學年始期。……以前各學校所招學生，仍按入校時爲學年之始期。毋庸紛更。其有正在規畫開辦或擴充級數之學校，不能待至明年八月者，亦准於明年正月招收新生一次，但以後招生仍應照新章，以每年八月爲期，倘遇有特別情事，必須另定入學始期者，亦須遵照第五號部令第一條第二項所定辦理，以期漸歸劃一。〔註78〕

同時，該辦法規定，學校「有因特別情事，須另定學生入校始期者」，也就是說，如果高校需更改招收新生的時間，則需「或經部令規定或由本校聲明理由，經教育總長許可，得變通辦理。」〔註79〕

毫無疑問，隨著民國政府對學年與學期開學時間及學生入學時間的規範和統一，各高校在招生時也不得不遵循大致統一的規定，這當然對後來高校招生時間的大致統一和規範打下了良好的基礎。

但是，在民國時期，上述規定對於各高校開展招考時間的限制作用實際上並不大，理由主要有以下三點：

第一，以上規定一般只適應於高校招考一年級第一學期的新生，而當時高校招考的往往不只是一年級第一學期的新生，還包括其他各學年，甚至各學期的新生；

第二，民國政府教育部規定的只是一個比較寬泛的時間範圍，在此時間範圍之內，民國高校完全可以自行決定；

第三，上述規定只是新生的入學時間，或學年及學期的計算方法，各高校完全可以自行先組織開展招考，然後再讓新生在大致統一的時間內入學。

第二歷史檔案館：《中華民國史檔案資料彙編》第三輯（教育），南京：江蘇古籍出版社，1991 年版，第 63～64 頁。

〔註78〕《各學校招生辦法》，商務印書館編譯所：《中華民國教育新法令》第一冊，上海：商務印書館，1912 年 12 月初版，第 53 頁。

〔註79〕《教育部公佈學校學年學期及休業日期規程令》，北洋政府教育部檔案，中國第二歷史檔案館：《中華民國史檔案資料彙編》第三輯（教育），南京：江蘇古籍出版社，1991 年版，第 63～64 頁。

因此，民初高校幾乎可以在一年當中的任何時間招生，民國的廣大學子當然也可以在各校規定的不同時間範圍內報名投考。

即使在抗戰的公立學校聯招統考期間，各校在教育部規定的統考時間之外，仍然可以另外自行組織招考。例如，根據 1938 年 6 月 22 日教育部發布《二十七年度國立各院校統一招生辦法大綱》訓令，雖然規定國立各院校統一招考新生的報名日期爲 8 月 10 日至 20 日，但是，各校仍可組織招考插班生，而且，各私立大學及公私立專科學校仍然完全是自行招考，其招生時間當然也沒有統一。〔註 80〕因此，考生當然也可以自由選擇自己認爲合適的時間報考各高校。總之，民國考生報名投考的時間比較靈活，而相比之下，當今中國大陸的考生們報名投考的時間就顯得比較固定，大家都必須集中在大致統一的時間內辦理報考手續，並在統一規定的每年 6 月 6、7、8 等幾天之內參加統一組織的入學考試。

因此，從總的情況來看，由於民國時期各高校招考時間沒有高度統一的規定，在考生報名投考各高校的時間自然也比較靈活。

3. 報考地點

報考地點取決於高校招考地點的設置，而招考地點的設置對考生報考選擇也有相當大的影響。

例如，楊絳在上海讀中學時曾經跳了一級，提前一年中學畢業。當時她一心想報考清華大學，她曾對採訪者說：「我年輕的時候一心想進清華大學」。可是，由於她中學畢業時清華大學沒有到上海招考新生，她沒法考，只得選擇了東吳大學。直到她中學畢業第二年，清華大學才到上海招考，而原來與她中學同班的兩名女生都考上了。爲此，楊絳後來一直爲自己因跳級而錯過報考清華大學的事情感到後悔。她說：「我當時眞後悔，如果我不跳級肯定也能考取，因爲我成績比她們好。」直到大四的時候，楊絳才進入清華大學借讀。而正是在清華借讀的這一年裏，楊絳認識了當時正在清華讀大三的錢鍾書。〔註 81〕

〔註 80〕 《國立各院校統一招生辦法》，《教育雜誌》第二十八卷第八號，1938 年 8 月，第 81 頁。

〔註 81〕 張者：《文化自白書》，北京：北京廣播學院出版社，2004 年 10 月第 1 版，第 29 頁。

　　民國初期，公立高校除親自辦理招考報名手續之外，還會請各省官府機構或中等學校代辦報考手續，考生可在官府機構或中等學校辦理報名手續，但各省官府機構或中等學校可代辦的手續項目有限，有些手續還是需要考生親自到各高校所在的各大中城市辦理，才能完全辦妥所有報考手續並參加高校組織的招生考試。後來，各高校招考大多在北京、上海、廣州、武漢等大中城市專門設置招生處，考生大多直接前往各大中城市辦理報名投考手續並參加考試。

　　顯然，由於高校招考的地點一般限制在大中城市，這對偏遠地區考生的報名投考有一定的負面影響，在客觀上也使外地考生在與本地考生競爭時可能處於一定的不利地位。因為，一方面，招考地點的局限增加了偏遠地區考生的經濟負擔；另一方面，這也給外地考生帶來了諸多不便，如交通、住宿等問題都可能困擾外地考生。

　　但是，民國時期，為了方便外地考生，同時也為了擴大招生的地域範圍，以招收到更多優質的生源並擴大學校知名度，各高校還是不斷設法增加招考地點。

　　例如，由教會開辦的福建協和大學，在每學年春、夏開學之前，一般都舉行招生入學考試，報名及考試地點分設在廈門、漳州、泉州、莆田、廣東、上海等地。〔註82〕

　　再以私立廈門大學為例，1922 年，為方便考生，廈門大學在當年第一次招考時設置了 5 處報考地點：

　　　（1）廈門南普陀本校；
　　　（2）上海卡德路九十五號寰球中國學會；
　　　（3）北京後孫公園國立醫學專門校；
　　　（4）新加坡陳嘉庚公司；
　　　（5）菲律賓領事館。

1930 年，廈門大學在當年第一次招考時設置了 6 處報名及考試地點：

　　　（1）廈門本校；
　　　（2）福州教育廳；
　　　（3）上海卡德路九十五號寰球中國學會；

〔註82〕謝必震：《香飄魏歧村——福建協和大學》，石家莊：河北教育出版社，2005
　　　版，第 31 頁。

（4）汕頭教育局；

（5）星加坡華僑中學校；

（6）小呂宋瑉埠華僑教育會。〔註83〕

可見，除了國內設報考地點，在海外也設有廈門大學的招考處。

　　在抗戰期間，政府及各高校更設法增設報名及投考地點。例如，在歷次國立或公立院校統一招考中，都由教育部在全國設置招生處，由各招生處負責組織本處的招生考試，例如，在 1938 年 6 月，教育部訓令規定：「二十七年度統一招生，同時在下列各處舉行：武昌、長沙、吉安、廣州、桂林、貴陽、昆明、重慶、成都、南鄭、永康」，〔註84〕必要時，各招生處可以設分處。也就是說，該年的考試在上述各處同時舉行，全國的學子們可以在上述各地報名投考。

　　又如，為方便各地青年報考，經教育部批准，當時設在泰順的北洋工學院定於 1943 年 8 月 29～31 日分別在泰順百丈口鎮、雲和、永嘉、臨海、屯溪五地同時舉行招生，招生名額為新生 120 名。而之所以選擇在屯溪招生，目的是有意吸收淪陷區青年報考。當時有不少青年都衝破封鎖線到屯溪報考。1944 年 7 月，該學院進行第二年招生，共招新生 150 名，報名與考試地點除原來的五個地點之外，又增加了建陽。〔註85〕

　　由此，在高校在各地增設報名考試地點的努力過程中，雖然偏遠地區的考生仍然需要比高校所在地的考生付出更大的代價，但和以前相比，總的來看，各地考生的報名投考機會開始日趨公平。這無疑體現了民國高校報名投考與入學考試制度的進步。

（三）報考類別

　　考生的報考類別取決於高校的招生層次與招生類別。根據民國時期有關學制規定，高校不僅可以招收本科生，還可以招收預科生和研究生和專修科生。〔註86〕因此考生可以根據自身實際情況選擇多個層次報考。

〔註83〕　《申報》，1922 年 5 月 28 日，1930 年 7 月 17 日。

〔註84〕　《教育通訊》第 15 期，1938 年 7 月 2 日。

〔註85〕　北洋大學、天津大學校史編輯室：《北洋大學：天津大學校史（第一卷）》，天津：天津大學出版社，1990 年 9 月第 1 版，第 292 頁。

〔註86〕　根據壬子學制及壬子癸丑學制的規定，大學均設本科、預科及大學院。由此可知，民國的大學可招收本科生、預科生和大學院生（《教育部公佈學校系統令》，《教育雜誌》第 4 卷第 7 號，1912 年 10 月 10 日；陶行知：《中國建設新

另外，根據 1913 年《高等師範學校規程》規定，高等師範學校分預科、本科、研究科，還可設專修科和選修科，可見，高等師範學校的招生層次和類別可分爲本科生、預科生、研究科、專修科生及選科生。〔註 87〕考生也可以選擇這些層次和類別報考。

同時，除了常見的本科一年級第一學期新生之外，民國高校招收學生的類別還可能包括本科其他年級（如二年級、三年級），甚至是各年級不同學期的學生，此外，有的高校還招收預科或本科的補習生，甚至還包括附設中學各年級的學生等等。因此，民國高校招考的學生層次和類別是相當多的。

例如，1918 年金陵大學的招生類別幾乎涵蓋了從幼稚園到大學各個階段和年級的新生，具體包括：幼稚園、初等小學、高等小學、中學，初級師範、優級師範、大學預科、文科大學、農科大學、林科大學、華言科。〔註 88〕

又如，1935 年 12 月 24 日，《申報》報導了廈門大學次年的招生類別：

> 兹爲擴充起見，由該校招生委員會議決，於明春（二十五年春）招大學部各學院一二三年級生，並招考附設高中部之第一年級上下學期，第二年級下學期新生。入學考試日期定在二月四日至六日，考試地點是在廈門本校，現招生簡章已印好，凡有志投考該校者，可向該校註冊部或招生委員會函索簡章，並附郵票二分即可照寄云。〔註 89〕

可見，當時廈門大學的招生類別是分年級且按學期劃分的，這就爲考生提供了多樣化的選擇機會。

而有些民國高校也明文規定，如果現有班級出現缺額時，則招收插班生。例如，《上海大學章程》（1924 年修正通過）規定：「本校各班遇有缺額，得招

學制的歷史》，《新教育》第 4 卷第 2 期，第 240～259 頁）。另外，「壬戌學制」規定，各類高校均設專修科。可見，民國各高校還可招收專修科生（《大總統公佈學校系統令》，北洋政府教育部檔案，中國第二歷史檔案館：《中華民國史檔案資料彙編》第三輯（教育），南京：江蘇古籍出版社，1991 年版，第102～106 頁）。

〔註 87〕《教育部公佈高等師範學校規程令》（1913 年 2 月 24 日），北洋政府教育部檔案，中國第二歷史檔案館：《中華民國史檔案資料彙編》第三輯（教育），南京：江蘇古籍出版社，1991 年版，第 145～146 頁。

〔註 88〕南京大學高教研究所校史編寫組：《金陵大學史料》，南京：南京大學出版社，1989 年版，第 20 頁。

〔註 89〕《申報》，1935 年 12 月 24 日，十二版。

收插班生。其入學資格應與該班生年級相當，並須通過入學考試」。〔註90〕

可見，民國時期高校招考的新生可能包括各個年級及各個學期的學生，這就與當今社會人們理解的大學招生類別有較大的出入。根據當前的制度設計和通行做法，高校招生一般只招收本科一年級新生。而一提到高考或大學招生，人們幾乎認定就是指招考一年級新生，這幾乎已經成爲一種思維定勢，而事實也的確如此。

回顧民國高校招考與考生報考的歷史，有時不免令人感慨和反思：爲何今天的考生選擇的機會越來越少呢？爲何路越走越窄呢？原因何在？是思想僵化還是制度問題？還是兼而有之？也許是戴著鐐銬走路習慣了，但如果認眞回想一下以前自由行走和奔跑的情形，也許會有新的思路和出路。

綜上，出於民國高校在招生中有如此多的招考類別，考生的報考類別選擇也隨之多種多樣，民國學子自然可以根據自己的學業水不自主地選擇報考。

（四）錄取類別

在高校招考中，考生如果被錄取，其身份類別也很重要，如目前中國大陸高校錄取的公費生或自費生，或委培生、統招生之類。對於高校招考來說，這些身份稱呼是錄取新生的類別，而對於考生來說，則是被錄取新生的類別。民國時期，考生被錄取的類別也有不少種類，如本科生、預科生、補習生或先修生，正取生和備取生，新生與編級生或轉學生，插班生或特別生，試讀生或旁聽生，等等。其中，有些身份類別是報考時由考生自己選擇的，有些則是在考試完畢後在錄取環節中由高校決定的。而由於民國各高校的錄取政策相當靈活，這就使當時的考生在考試後被錄取時也有不少選擇的機會。例如，如果考生因成績不夠理想，而沒有被錄取爲正式生，還有可能根據其考試成績被錄取爲備取生，或試讀生、選讀生、選科生、旁聽生等等；相反，如果考生的成績非常好，則可以根據情況由學校將其錄取爲其他年級的編級生，即有可能從本科二年級或三年級或某個年級中的某一個學期開始學習。

〔註90〕黃美眞等：《上海大學史料》，上海：復旦大學出版社，1984 年 2 月第 1 版，第 64 頁。

例如，《上海大學章程》規定：「本校各班遇有缺額時，得招收特別生，入學酌量免試。其選修該班全部功課並通過平時及學期各種考試，成績在七十分以上者，得改編為正式生」。〔註91〕

又如，1940 年 6 月 4 日，西南聯合大學校務會議第二屆第五次會議修正通過了一份議案，其中規定：

> 本年度各系所收之各年級試讀生，其學年成績全部及格者，可准其改為正式生，其學年成績有所選學分半數或半數以上不及格者，應取消其學籍，其學年成績不及格之學分不及所選學分之半數者，准予繼續試讀一年。試讀生在校試讀以二年為限。〔註92〕

同時，該議案還規定，「現在在校之借讀生，特別生，旁聽生」，在經入學或轉學考試錄取後，還可以改為正式生。

再如，1945 年 11 月，東吳大學蘇州校園部份恢復後，12 月 6 日，舉行新生入學考試，計錄取正取生一百二十六人，選讀生四十人。〔註93〕

由此可知，當時的西南聯大不僅招收和錄取試讀生、特別生、旁聽生等，還鼓勵這些學生努力通過正式考試後轉改為正式生。

由此可見，即使在考生被錄取的環節，民國考生的選擇機會也是不少的。

（五）優待照顧

民國時期，北京民國政府和南京國民政府都制定實施了一些法令法規，要求各高校在招生時給予某些特殊人員一定的優惠待遇，由此形成了民國時期的高校招生優待制度，其主要內容包括對邊疆與少數民族學生、華僑學生、功勳人員及品學兼優清寒學生等人員的各種優待規定和辦法。〔註94〕據此，民國學子在報考高校時，如果身份比較特殊或成績特別優異的話，就可以對照有關的優待政策享受一定的優惠照顧，從而增加自己的投考選擇和被錄取的機會。

〔註91〕 黃美眞等：《上海大學史料》，上海：復旦大學出版社，1984 年 2 月第 1 版，第 64 頁。

〔註92〕 國立西南聯合大學史料編委會：《國立西南聯合大學史料》（二）會議記錄卷，昆明：雲南教育出版社，1998 年 10 月版，第 467 頁。

〔註93〕 王國平：《博習天賜莊——東吳大學》，石家莊：河北教育出版社，2003 年版，第 120 頁。

〔註94〕 各項具體的優待政策和制度規定詳見本章第三節關於優待制度的論述。

同時，由於民國政府一般沒有直接干預並參與和控制高校招生，高校享有較大的自主權，因此，各高校往往可以根據本校實際情況給予某一類或某些考生適當的優惠和照顧，這在當時也完全是合情合理且合法的。

第二節　註冊入學

考生被高校錄取後，就應當在規定的時間內到學校報到，同時辦理有關的註冊入學手續。顯然，對於考生來說，此前參加入學考試本身不是目的，獲取在高校學習的正式資格，才是民國學子們報考大學的真正目的。因此，只有獲得正式的學習資格，才算成為真正的高校學生。民國時期，特別是在南京國民政府時期，一般來說，這種正式的學習資格還必須獲得中央教育機關的認可，才被認為是合法的，因此，嚴格地說，獲得合法的正式學籍，才算是考生最終完成入學高校的最終標誌。否則，即使新生進入高校學習，如果沒有正式學籍，按當時的規定，對於學生本人來說，可能是後果很嚴重的事。

對於當年新生到北京大學報到註冊與入學的情景，有人回憶道：

> 待到發榜，竟然高中，自然歡天喜地。盼到註冊那天，一老早就去二院等著，報到，繳費，選課，一切手續辦妥，最後記起去買了那個愁眉苦臉的北大證章，將他向帽子或大襟上掛起，眉開眼笑的走出大門，昂然成了「北大人」了。〔註95〕

1920年北京大學修訂的入學考試規則規定，「考取各生，統限九月十日以前到校，在註冊部報到，填寫入學願書及保證書，辦理註冊、繳費、領取入學證等手續。逾期不到，即取消入學資格」。〔註96〕

因此，考生被高校錄取後，應按時到學校的招生課或註冊部等指定的招考機構辦理報到、繳費、註冊等一系列入學有關事宜。本節在研究新生註冊入學活動過程的基礎上梳理有關制度和規定，同時探討廣大學子在民國高校註冊入學基本制度下的學習機會問題。

〔註95〕　朱海濤：《北大與北大人——「凶」「鬆」「空」三部曲》，《東方雜誌》第四十卷第十六號，1944年8月31日發行，第55頁。

〔註96〕　《國立北京大學入學考試規則》（民國十九年五月修訂），《北京大學日刊》第2423號，1930年5月30日。

一、基本制度

民國高校新生在註冊入學及獲取正式學習資格的活動過程中，一般必須按既定程序辦理報到手續、呈繳入學志願書及保證書、繳費、註冊、接受入學教育與訓練、接受入學資格審查等，在這些活動過程中，民國高校、入學新生及政府經過長期互動，逐漸形成了一些慣例做法和制度規定，這些內容一起構成了當時新生入學的基本制度。下面分別對各項制度內容進行梳理。

（一）報到與呈繳入學志願書和保證書

一般情況下，收到錄取通知書的新生必須在規定的時間內來到志願學校報到。以民國初期南京高等師範學校新生入學報到的安排程序爲例：

第一，入校門後依路線牌押送行李至暫置行李處，將行李暫置並付去車費。

第二，由校役指引至庶務室驗照片繳保證書及保證金 10 元，制服費 15 元，書籍費 15 元。

第三，由校役指引至學監室簽名，填入願書領取學生須知及入舍券。

第四，回至暫置行李處由校役運行李至樓上，依學監指示入舍並隨時檢查行李。〔註97〕

在報到時，新生一般要簽名並填寫有關的表格，這類表格與新生當初報考時填寫報名登記表時差不多，一般也是在報到登記表上填寫姓名、性別、年齡、籍貫及家庭住址等個人信息。

報到簽名之後就是填寫並呈繳入學志願書與保證書。

例如，1915 年 8 月，南京高等師範學校公佈的新生入學須知規定：保證書應由家長或監護人填就蓋章或簽押，須於到校時即繳；到校後先至庶務室驗相片，繳保證書，並照章納費領券，至學監室簽名填寫入學願書。〔註98〕

又如，《上海大學章程》規定：「本校新生入學，須先向學務處註冊，並填具保證書及志願書」。〔註99〕

〔註97〕 本書編輯組：《南大百年實錄‧中央大學史料選（上卷）》，南京：南京大學出版社，2002 年 05 月第 1 版，第 48 頁。
〔註98〕 本書編輯組：《南大百年實錄‧中央大學史料選（上卷）》，南京：南京大學出版社，2002 年 05 月第 1 版，第 48 頁。
〔註99〕 黃美眞等：《上海大學史料》，上海：復旦大學出版社，1984 年 2 月第 1 版，第 64 頁。

在民國各高校組織學生入學時，一般會要求考生呈交入學志願書與保證書，這是自清末以來的傳統做法，民國時雖然沒有明文規定，但早已形成各校在組織招生入學工作時的普遍慣例。清末民初，魯迅、郭沫若和周恩來在報考日本的高校時都曾寫過入學志願書。1925 年，北京女師大發生學潮風波，校長楊蔭榆就曾在報紙上公開要求學生重寫入學志願書，否則，「不交者以不願再入學論」，〔註100〕魯迅曾公開撰文對此進行抨擊。

鑒於入學志願書與保證書在當時的重要作用，因此，要求新生填寫志願書和保證書就成爲民國各高校非常重視的入學組織工作內容之一，因爲，萬一出現特殊情況，如「關於學生入學後品行疾病納費等事」，學校才能夠及時找到保證人，並由其「負完全責任」，〔註101〕而不至於處於不利的地位。因此，民國時期，被高校錄取的新生在報到入學時一般都必須填寫入學志願書（或稱入學願書）與保證書，而對於考生來說，在入學時認真按照固定格式填寫並呈繳這兩種表格就成爲相當重要的入學環節之一，當然也是順利完成註冊入學的重要前提。

例如，1920 年代中期的中國公學《修學章程》中規定，〔註102〕入學志願書與保證書的內容和格式如下：

志願書

　　　　　　　　　　　　　　年　　歲　　籍貫

　　　　學生　　　　　　　　住所

　　　　　　　　　　　　　　永久通信處

今承允許入校肄業，一切規則布告情願服從遵守，

決不違背。此照

中國公學大學部

中華民國　　　年　　月　　日

〔註100〕《晨報》，1925 年 8 月 6 日。
〔註101〕《中國公學史料拾零》，中國社會科學院近代史研究所近代史資料編輯組：《近代史資料》（總 69 號），北京：中國社會科學出版社，1988 年 8 月第 1 版，第 130 頁。
〔註102〕《中國公學史料拾零》，中國社會科學院近代史研究所近代史資料編輯組：《近代史資料》（總 69 號），北京：中國社會科學出版社，1988 年 8 月第 1 版，第 130～131 頁。

保證書

年　　歲　　　　籍貫

職業

保證人　　　　　　　　　　　住所

今學生　　　　　　承中國公學大學部允許入校肄業，一切規則願

服從遵守。如有重病或欠費等情，概由保證人負完全責任處理。

此據　　　　　　　　　　保證人

中華民國　　　年　月　日

當然，報考學生填好入學志願書和保證書後，還必須請有正當職業且居住在
學校附近之保證人二人（分別爲正、副保證人）具保。另外，入學志願書與
保證書一般是共同置於一頁紙上，而且必須簽名蓋章。

　　南京國民政府成立後，高校新生填寫入學志願書及保證書的做法發生了一
些重要的變化，主要表現在：（一）從防僞的角度看，增加了貼相片的規定。學
校一般會規定：志願書必須貼相片；（二）從內容上看，增加了絕對服從學校的
用語。有的還要求保證人必須確保報考入學者的思想和品行沒有問題，如有的
保證書上寫道：「該生確係思想純正，品行端方，對於一切校規願絕對遵守」，
有的志願書上寫道：「願絕對遵守一切校規」，特別強調學生對一切學校管理和
規定的絕對服從；〔註103〕（三）從納稅的角度看，有的省份還要求必須入學志
願書必須貼印花納稅。例如，1927 年，根據南京國民政府頒佈的《印花稅暫行
條例》，甘肅省自定印花稅率表，其中規定，「專科學校以上各學校入學志願書
貼花 0.2 元，專門學校以上各學校畢業證書須貼花 1 元」。〔註104〕而同期的山
西省也有類似的規定，如「中學入學志願書貼花 4 分，專科以上入學志願書貼
花 1 角」。〔註105〕（四）該項做法成爲正式的教育法規制度。1941 年 11 月 29
日，教育部公佈了《專科以上學校學生學籍規則》，其中規定，專科以上學校新
生、轉學生，入學註冊時應呈繳保證書。保證人須具有正當職業並負學生在校

〔註103〕轉引自《開封市教育志》編委會：《開封市教育志》（1840～1985），鄭州：中
　　　　州古籍出版社，1991 年 9 月第 1 版，第 186 頁。
〔註104〕轉引自涼州區國家稅務局：《涼州區國稅志》，蘭州：甘肅文化出版社，2008
　　　　年 4 月版，第 28 頁。
〔註105〕轉引自延宗周、李廣明：《陽泉市稅務志（1840～1993)》，太原：山西人民出
　　　　版社，1996 年 3 月第 1 版，第 136 頁。

期間之一切責任。保證書還要由保證人簽名蓋章，載明詳細住址及職業並黏貼學生相片。〔註106〕由此，根據該規則，新生向當局呈繳入學保證書的做法正式成為規範的法令制度，當然也為當局加強對高校新生的控制提供了合法的手段。

（二）繳費與註冊

仕報到並呈繳入學志願書和保證書之後，接下來的關鍵環節就是繳費和註冊了。

1. 繳費

民國時期，除了少數高校在少數時期經費來源比較有保障，多數高校的經費來源一般都不是很充裕，但學生繳納的有關費用是多數高校的重要辦學資金來源，特別是對於私立高校來說，它們在相當大的程度上都要依賴學生繳費才能維持生存，因此新生一般必須先繳費才能繼續辦理正式註冊手續。而在有關法規允許的範圍之內，各高校可以自行決定有關收費事宜，入學新生則必須按照高校的有關規定辦理繳費手續。

（1）各校繳費制度

一般來說，各高校會要求入學新生在註冊及選課之前繳納有關費用。例如，《上海大學章程》規定：「本校新舊學生皆繳清各項費用，方可領取聽講券」。〔註107〕

張中行回憶說：

> 錄取以後，第一次入學，辦手續，交學費十元，不能通融。推想這是因為還在大門以外。手續辦完，走入大門，情況就不同了，從第二學期起，可以請求緩交。〔註108〕

當然，也有新生在入學時暫緩繳費的情況。例如，1931年9月26日，在北京大學學期開學後第一次校務會議上，校長提出一項議案：「東三省學生以變起非常，請准暫緩繳費，先行註冊」。經北大校務會議公決後議決：「准俟秩序恢復後補交」。〔註109〕

〔註106〕《專科以上學校學生學籍規則》，教育部：《教育法令》，中華書局，1947年5月版，第162～164頁。

〔註107〕黃美真等：《上海大學史料》，上海：復旦大學出版社，1984年2月第1版，第65頁。

〔註108〕張中行：《負喧瑣話》，哈爾濱：黑龍江人民出版社，1986年9月第1版，第98頁。

〔註109〕《國立北京大學布告》，《北京大學日刊》第2695號，1931年9月29日。

（2）政府對新生繳費的規範和管理

民國時期，由於政府對公立高校招生時徵收學費有關事項制定了一些法令規程，因此，高校入學新生在繳費時也有一定的章程可遵循。

1912 年 9 月 29 日，教育部公佈《學校徵收學費規程》，其中與高校招生收費有關的條款有不少，對大學招生收費的金額、收費的時間、減免學費的辦法、收費審批方式等方面作了比較明確的規定，例如，繳納學費的標準爲「每月銀圓三元」；繳費時間應爲每學期開學前繳納相關費用；各學校「爲鼓勵學生起見，得於成績最優者分別減免學費」。還要制定減免學費章程，其章程「得由校長定之；但須呈經管轄官廳認可」。〔註 110〕

當然，由於該規程關於大學招生收費的規定，主要針對公立高校，私立高校和教會高校不受此限制，「私立學校不以本規程所定爲限」。由於私立高校的開辦和維持必須依賴於學費，因此，私立高校的新生在入學時須繳納的費用往往要高於公立高校的新生。

2. 註冊

在繳納有關費用之後，入學新生就可以到註冊處正式註冊了。

有趣的是，在由教會舉辦的私立華中大學，新生的入學報到註冊手續必須在開學典禮上經過正式的簽名儀式才算正式完成。例如，1924 年 10 月 2 日華中大學舉行新大學開學典禮。八十九名學生一個接一個地在註冊簿上簽字，然後，理事會主席吳德施主教在主席臺上就座並講了話，英國教會的孔樂德牧師致辭。同年 11 月 1 日，華中大學正式開學。此後，在開學典禮暨校慶日這天，新生們由教師領著步入典禮會場，魚貫而入，一個接一個地在紀念冊上簽名，後因學生人數的增多而改爲整個儀式上只有兩名成績優秀的新生代表在紀念冊上簽名，其餘的則在註冊處註冊。〔註 111〕

（三）選擇學科及課程

一般來說，在報到繳費及呈繳入學志願書與入學保證書之後，新生才能註冊及選擇學科與課程，只有拿到選課證或聽課證之後，新生才算基本獲得在高校正式學習的資格。

〔註 110〕《教育部公佈學校徵收學費規程令》，北洋政府教育部檔案，中國第二歷史檔案館：《中華民國史檔案資料彙編》第三輯（教育），南京：江蘇古籍出版社，1991 年版，第 64～66 頁。
〔註 111〕 張安明、劉祖芬：《江漢曇華林──華中大學》，石家莊：河北教育出版社，2003 年版，第 44，95 頁。

1. 選擇科系

民國高校的新生在選擇院系和學科時是比較自由的，如前面提到的張中行回憶北大的情形。而且，新生在選定科系後，在規定期限之內還可以試讀一兩周。只有在規定的試讀期限完畢之後，新生一般就不能隨意轉系了。只有特殊情況下，新生才可申請轉系，但必須報經學校有關部門或主要負責人同意，並交納一定的費用。例如，《上海大學章程》（1924年修正通過）規定：「學生入學分班，兩星期後不得自請轉入他系或他科。其因不得已事故，經學務會議許可時，每人須繳納轉系或轉科費十元」。而十元的轉系費相當於當時該校大學部每學期學費的四分之一。〔註112〕

1931年，後來成為著名科學家的錢偉長考入清華大學，他曾回憶當年選擇科系「棄文學理」時的情景：

> 進入大學第一件事就是選系。我在中學裏確實愛好文科，而對理科特別是數學、物理視為畏途。但在『九一八事變』後，我和大多數青年一樣激發了『科學救國』的熱情，可是也並不理解科學是什麼，以為數理化即科學，所以我就決心棄文學理。……對那些入學考試物理、數學成績好的同學，系裏當然歡迎，而對我卻盡力勸說到別系去。我一再找系主任吳有訓教授，他就拿我的全部入學考試試卷，懇切地提出我學中國文學或歷史最合適，並說中文系的楊樹達教授就很欣賞我的那篇作文，希望我到中文系去；歷史系的教授對我的答卷也特別滿意（題目上寫出二十四史的名稱，卷數、作者、注者），希望我到歷史系去。但是我的數理化三科考分的總和不到100分（其他同學的成績都在200分以上），英文也考得不好（當時理科教材多是用英文本），將增加學習困難。

當時，面對身體瘦小羸弱的錢偉長，吳有訓極力勸導他學中文或歷史，還關切地說，要根據個人的條件選擇系，物理系每屆都有一半同學受不了學習負擔而轉系，對學校和個人都是損失。但是，吳有訓沒有料到他所面對的是一個下定決心、態度堅決的青年。要棄文學理，是錢偉長經過深思熟慮才決定的願望。經過一個多星期的懇談，吳有訓最終同意了錢偉長暫時讀物理系，但是要他保證在學年結束時，物理和微積分成績都超過70分，同時選修化學，

〔註112〕黃美真等：《上海大學史料》，上海：復旦大學出版社，1984年2月第1版，第64～65頁。

還要加強體育鍛鍊，否則就得「轉系」。錢偉長接受了這項全面的挑戰，最終成功克服了困難並達到了吳有訓的要求，從而實現了自己入學時棄文學理的志願。〔註113〕於是，中國少了一名文史學者，而多了一位科學家。

可見，只要意志足夠堅定，民國高校的新生是可以按照自己志願選擇學科和專業的。

2. 選擇課程

民國高校新生在入學註冊時一般必須選課，選好課後憑選課證或聽講券才能開始正式聽課學習。

根據1944年北大校友朱海濤的回憶，當年北大新生註冊時，正常的流程應當是先報到，接著是繳費，然後就是選課，新生只有全部辦完這些手續後，才能算是正式的「北大人」。〔註114〕

由此可見，選課也是入學時必須辦妥的手續之一，選課制度也應當屬於入學制度的重要組成部份，因為，對於民國時期多數學生來說，大學文憑固然重要，但報考高校實際上更重要的目的就是來學習自己想學的知識和技能；同時，在選課環節，除了決定新生自身的專業學習內容之外，更重要的是決定了學生能否跟隨自己喜歡的專業教師學習。

民國高校的新生選課制度一般來說是比較自由的。由於多數高校實行學分制，因此，除了必修課之外，其他的課程可以任由學生自選。

而由於民國各校往往比較注重聘請知名教授和專家學者，因此，當時的選課實際上很大程度上就是讓學生選擇自己喜歡的名師，而民國不少高校的自由選課制度往往使學子們基本上能夠實現選擇名師的願望。例如，侯仁之當初報考燕京大學主要就是因為中學時期讀過顧頡剛的書，對顧頡剛相當崇拜。

正因為如此，不少考生之所以選擇投考某一所高校，實際上就是衝著該校某一位或幾位名師去的。

因此，由於民國有些高校的新生擁有比較多的選科及選課自由，從而使許多學子得以自由地發展，並產生了良好的影響。以北京大學為例，北大校友朱海濤在1944年撰文回憶道：

〔註113〕 錢偉長：《為「科學救國」我棄文學理》，《清華校友通訊》復51期，2005年4月。

〔註114〕 朱海濤：《北大與北大人——「凶」「鬆」「空」三部曲》，《東方雜誌》第四十卷第十六號，1944年8月31日發行，第55頁。

　　入學的第一年就分系，不必讀多少普通課程就可以選專科。所
以顯而易見是一種鼓勵天才的教育。在這種獎勵下，於是一般的人
都在各就所好，專心發展。往往在他們的心目中，只有他注意的這
門學問是重要的，其他全可從簡。當他逃課的時候，其實就是全付
精神研究學問的時候。我們常聽說某某人英文考試年年不及格，以
至於畢業都成問題，但在國內研究金文的，他已是權威學者之一。
也聽說過某某教授開講中西交通史，第一堂課就有位同學呈給他一
部自著的中西交通史稿，使教授爲之變色。這種人才是別的學校不
易產生的，而北大所在皆是。

　　北大和清華是正相反的。清華門門功課都要不錯，個個學生都
在水平線上，你不行的非拉上來不可，你太好的也得扯下來。北大
則山高水低，聽憑發展。每年的留學生考試，五花八門的十來樣科
目，北大向例考不過清華。但北大出的特殊人物，多而且怪，也是
任何其他學校所趕不上的。

　　所以「空」字得予以保留。四五十年來的北大貢獻可以證明這
個字的不確。〔註115〕

因此，民國時期，考生不僅在報考時可以自由選擇院系和學科，在報到註
冊入學之後也可以自由選擇學科、專業、課程和教師，學習自己感興趣的
知識和技能。這當然是比較合理的制度。如前所述，多數人讀大學的目的
主要就是想跟隨自己喜歡的老師，學習自己感興趣的內容，但人的興趣往
往可能會發生一定的變化，因此，不僅應當允許考生在報考時自由選擇大
學四年的學習環境和學習內容，在新生進入大學之後也應當允許他們進行
自由選擇專業和課程，畢竟，對於多數未諳世事的年輕學子來說，如果不
能自由地進行選擇專業、課程和教師，「一考定終身」，而必須被迫接受既
定的專業、課程和教師，萬一學生不感興趣或不適應，或學校開設的專業
與課程水平不高，學生付出的代價就實在太大了，這對高校提高辦學水平
也是不利的。

〔註115〕朱海濤：《北大與北大人——「凶」「鬆」「空」三部曲》，《東方雜誌》第四十
　　　　卷第十六號，1944 年 8 月 31 日發行，第 56 頁。

（三）新生入學教育訓練

新生在基本完成註冊入學手續之後，一般還須經歷入學教育與訓練階段，只有通過了這個環節，才能獲得正式的學習資格。

多數時期，民國各高校大多自行組織新生進行入學教育訓練，當然，各校的做法往往不一樣。

南京國民政府時期，除一般的入學教育之外，有的高校還強迫對剛入學的新生進行軍事教育與訓練。例如，1929 年，中央大學開始對該年度入學的新生進行「強迫的」軍事教育，由新成立的普通軍事教育科負責辦理，軍事教官由訓練總監部特別委派，而此前的軍事教育科對舊生的軍事教育則是「隨意的」。〔註 116〕

1933 年 3 月，蔣介石訓令國民政府軍政部、教育部、訓練總監部：「凡高中以上學校學生軍訓不合格者，不得補考、投考大學。」這顯然是將軍訓合格作爲完成學業和升學的必要條件。

抗戰時期，國民政府明顯加強了對各高校新生入學訓練的組織和領導。1940 年 7 月 14 日，教育部發布訓令，要求高中以上新生入學時進行兩周的入學訓練。各校新生訓練情形須專案具報主管機關備案。具體的做法是，將新生另行編成中隊，下設區隊及分隊或小隊；訓練科目包括政治訓練、修學指導、道德修養、小組討論、校史章則、軍訓、體育、音樂等科目；實行嚴格的軍事化管理，由同住隊裏的指導員實施生活指導，新生還須作自述一篇，受訓完畢時還須作受訓後之感想，自述及感想皆由指導員核閱後存校備查；指導員還須擬定個性調查表，由其填寫存校備查，並作爲訓練完畢後分配導師之參考；整個訓練期間，若發現新生之思想、行爲、確有不堪造就者，得依其情節之輕重，令其退學或編爲試讀生，試讀生經一學期之考核，確有改悟之表現，即由其導師提出訓導會議核准爲正式生。受訓期滿應舉行儀式及宣誓「余以至誠愛我中華民國，信仰三民主義，擁護國民政府，服從蔣委員長之領導，並遵守校規，努力學習，如有違背誓言，願受處分，謹誓」，還要求誓詞由全體新生簽名後，存校備查。另外，各校新生訓練情形須專案具報主管機關備案。〔註 117〕

〔註 116〕《中央大學一年來工作報告》（十八年度），南京大學校慶辦公室校史資料編
　　　　輯組、學報編輯部：《南京大學校史資料選輯》，南京：南京大學內部資料，
　　　　1982 年 4 月版，第 242 頁。
〔註 117〕《高中以上學校新生入學訓練實施綱要》，《教育法令彙編》第六輯，出版地

可見，1940 年之後，已經被錄取的高校新生在獲得正式學習資格之前，按教育部的統一規定，還必須接受一定時期的入學訓練。在入學教育期間，如果新生出現某些情況，則可能被取消正式的學習資格，或者被開除學籍，或者被要求進行試讀一定的期限。當然，國民政府對各校錄取的新生採取這樣嚴格的入學訓練，其用意可能主要在加強抗日戰備，但同時，國民政府加強對廣大青年學子進行政治審查和控制的意圖也非常明顯。

（四）新生入學資格審查

在完成前面各項有關手續及通過入學教育訓練之後，民國高校新生還必須通過由高校招生或入學考試委員會組織的新生入學資格審查。

南京國民政府時期，教育部對各高校招考新生的錄取資格和錄取名冊還要進行嚴格的審查和確認。在通過新生入學資格審查之後，各高校及教育主管部門就會為合格新生建立正式的學籍檔案，只有建立正式學籍檔案的學生才算合法的正式在校生，至此，考生入學後才能獲得政府認可的合法學習資格。

根據有關規定，高校在招生完成後必須向教育部彙報招收學生的名冊和學歷證明文件等詳細情況。教育部於 1933 年 8 月 29 日發布的《專科以上學校應行呈報事項及日期》訓令要求：「全國國立、省立及已立案之私立專科以上學校校務須一律呈報」，其中第一項內容就是新生、插班生一覽表及其學歷證明文件（畢業證書或修業證書），而且還規定了呈報的期限。〔註 118〕

1934 年，根據教育當局的有關規定，高校必須按照編制規定招收新生，否則教育部將不審定新生的學籍。〔註 119〕1935 年 4 月，教育部規定的各大學招生辦法中更明確規定：「凡未依照辦法招生之學校，其新生及轉學生之入學資格，概不予核定」。〔註 120〕

可見，教育部對入學新生的學籍和入學資格的審查也是比較嚴格的。如果高校的入學新生沒有通過教育部的資格審定，則不可能獲得教育部承認的正式學籍，而如果沒有學籍，則入學新生將來即便完成學業，也不可能獲得經教育部驗印認可的畢業證書。

不詳，正中書局，1941 年 1 月版，第 72～75 頁。

〔註 118〕教育部：《教育法令彙編》第一輯，上海：商務印書館，1936 年 7 月，第 116～117 頁。

〔註 119〕王世杰：1934 年 5 月 24 日記，《王世杰日記手稿本》第一冊，臺北：中央研究院近代史研究所，1990 年版，第 2 頁。

〔註 120〕《教育部規定本年度各大學招生辦法》，《北平晨報》，1935 年 4 月 26 日。

二、入學機會

民國時期，廣大學子如果想進入高校學習，可以根據自己的經濟條件、學業成績和興趣愛好選擇不同的高校、學科、專業或教師開展學習或研究，也就是說，對於真正想在高校獲取高等教育機會的民國學子來說，其選擇的範圍是相當廣泛的，也是相當自由的。民國學子的入學選擇之廣泛和自由至少可以從兩個方面得到驗證：一是民國高校的學生類別多種多樣；二是政府對表現優異的學生有特別優待和專項支助。當然，這裡在探討入學機會的時候，其對象不僅包括被高校正式錄取的新生，也包括沒有被錄取或沒有參加考試的學子們。

（一）學生類別

在民國時期的高校中，學生的類別和身份多種多樣，有正式生、備取生、預科生、先修生、補習生、試讀生、選科生、轉學生、編級生、旁聽生、免試生、保送生、借讀生等等，甚至還有偷聽生、偷閱生、旁閱生、附班生、附讀生與函授生等，真可謂五花八門，名目繁多。在民國高校千方百計地想出各種名目招收學生的情形下，廣大學子自然也可以根據自身條件想方設法以正式或非正式的學生類別和身份進入自己志願的高校，以獲取寶貴的學習機會。下面介紹幾種民國高校中比較常見的學生類別和身份，同時探討有關的招生入學制度。

1. 免試生與保送生

為進入高校學習，一般的考生必須通過高校組織的正常招生入學考試才能實現自己的目標，這些必須接受入學試驗才可能被錄取的考生可以稱之為受試生。但是，民國有些考生則可以享受免試的特殊待遇，特別是一些知名中學的畢業生，如果他們報考的是私立高校，則完全有可能被免試錄取，這些享受免試錄取待遇的考生就稱為免試生。例如，按照嶺南大學的有關規定，當時廣東地區有些中學如真光、培正、華英、廣益、培道、汕頭和嶺南中學等校畢業可以免試入學。〔註 121〕顯然，因為這些都是民國時期比較知名的中學，其畢業生的質量自然有保證。

〔註 121〕陳國欽、袁徵：《瞬逝的輝煌──嶺南大學六十四年》，廣州：廣東人民出版社，2008 年版，第 51 頁。

另外，還有一種免試生，就是如果學生在高校某學系讀完某個專業之後，又想留在本校繼續讀其他專業，那麼，一般情況下，也是可以免試的。例如，張中行回憶說：

> 北京大學還有一種規定，不知道成文不成文，是某系修完，可以轉入同院的另一系，再學四年，不必經過入學考試。有個同學王君就是這樣學了八年。爲什麼要這樣呢？我沒有問他。也許由於捨不得紅樓的環境和空氣？說心裏話，捨不得的自然不只他一個，不過自食其力的社會空氣力量很大，絕大多數人也就只好捲起鋪蓋，走上另一條路了。〔註122〕

2. 正取生與備取生

民國時期，根據考試成績排名，按既定招考名額被高校錄取的考生一般稱爲正取生，由於考生可能報考了數所高校並可能被其他大學錄取，各高校在錄取新生時一般還會在既定招生名額之外錄取一些備取生。例如，1935 年 8 月，北京大學在武昌招考，在公佈的新生錄取名單上，其中有理學院正取生 19 名，備取生 8 人，備取生約占總名額的 30%。〔註123〕可見，北大招考中錄取的備取生比例是不低的。

如果正取生出現異常情況而沒有入學，則可以將備取生招收進來學習。因此，民國學子在沒有被錄取爲正取生的情況下，如果被錄取爲備取生的話，則仍然可能有入學的機會。

另外，在某些情況下，備取生也可能與正取生一起獲得參加復試或面試的資格，如果備取生表現優異的話，仍有可能淘汰正取生，從而獲得正式的入學資格。例如，1917 年，周谷城中學畢業，他報考了北京高等師範學校英語部，當年北京高師在湖南只招收 6 名學生，由湖南省教育廳負責招考，而報考的有 150 多人，結果周谷城發揮不理想，成績在 6 名「正取生」之外，名列「備取」第三。根據以往的慣例，只要正取生沒有出現意外而導致無法入學，備取生是沒有資格入學的，但在失望之際，他與其他兩名備取生極力向教育廳爭取，說服了教育當局，同時又通過向北京高師呼吁，3 名備取生終於獲得與 6 名正取生一起到北京復試的資格，結果，周谷城等 3 名備取生的

〔註122〕張中行：《負喧瑣話》，哈爾濱：黑龍江人民出版社，1986 年 9 月第 1 版，第 98 頁。

〔註123〕《北京大學週刊》第 164 號，1935 年 8 月 22 日。

成績名列前茅，將原來 6 名正取生中的 3 名淘汰了。按照以往的慣例，考生通過省裏的考試後，高校的復試往往就是「做做樣子」而已，這也正是當時 6 名正取生及社會公眾的普遍看法，他們「得意洋洋」，甚至以爲根本不用再考試了。誰知北京高師這一次打破了以往的慣例，使周谷城等人有機會在復試中得以勝出。〔註124〕由此可見，那 3 名被淘汰的正取生有可能屬於紈絝子弟，學業水平並不高，當然，這可能與當時由地方教育機關主導招考的制度有關，因爲由政府機關和教育行政官僚選送的新生往往不是最優秀的。

3. 試讀生與旁聽生

由於民國高校享有比較自主的招生權，錄取名額也多是自主決定，有的高校除了錄取既定名額的正式生，還可能會錄取一些試讀生和旁聽生。因此，民國學子如果沒有被錄取爲正式生，還有機會爭取被錄取爲試讀生和旁聽生，從而獲得在高校學習的資格。

例如，前文中提到的張充和，就是於 1934 年 8 月被北京大學招生委員會「破格」錄取爲試讀生的，同時，除「張旋」（即張充和）之外，北大錄取的試讀生還有張景蒼、劉旦等四人。〔註125〕

1933 年秋，北大學生張中行選修了劉半農教授的《古聲律學》，聽課的有十幾個人，一年之後，到了學年考試，才知道，原來正式選課的只有張中行一個人，其餘的都是旁聽。〔註126〕

北京大學在 1930 年代還專門舉行招收旁聽生考試，例如，據報導，在 1935 年 9 月舉行的旁聽生考試中，經北大考試委員會審查，准予成績合格的旁聽生計男女生共 10 名，並限各旁聽生於規定的時間內到北大註冊與會計組辦理一芴入學旁聽手續。〔註127〕次年 9 月，北大招考旁聽生，共錄取旁聽生 29 名，其中理學院 23 名，文學院 4 名，法學院 2 名。〔註128〕

〔註124〕周谷城：《五四時期的北京高師》，全國政協文史資料委員會：《文史資料存稿選編》精選，《昔年文教追憶》，北京：中國文史出版社，2006 年 5 月第 1 版，第 225 頁。周谷城：《失敗不要灰心》，蔣長好、李廣宇：《名人談讀書》，北京：經濟日報出版社，1997 年 5 月第 1 版，第 55～57 頁。

〔註125〕《北京大學週刊》第 110 號，1934 年 8 月 25 日。

〔註126〕張中行：《負喧瑣話》，哈爾濱：黑龍江人民出版社，1986 年 9 月第 1 版，第 42～43 頁。

〔註127〕《北平晨報》，1935 年 10 月 8 日。

〔註128〕《北京大學週刊》第 221 號，1936 年 9 月 19 日。

南京國民政府時期，當局對高校招收旁聽生進行了規範。根據教育部於 1941 年 11 月 29 日公佈的《專科以上學校學生學籍管理規則》規定：「專科以上學校得酌收旁聽生，但旁聽生無學籍」。〔註 129〕

但是，實際上，由於有些高校上課時一般不點名，熱誠向學的校外人士仍然可以到高校旁聽。以西南聯大為例，該校校友回憶說：

> 聯大從無點名之說。同學可以隨意旁聽任何課程，各課程所安排講課教室往往分佈各處，上課時間但見同學們奔跑於北區、南區、文林街昆中北院之間。教室小、扶手椅少，本已不敷容納之用，另有不少校外人士前來旁聽，以致上課前課室已然坐滿，遲來的人只好站在窗外聽講（當時大家戲稱為站票）。最苦的是雨天，有傘的撐傘，或戴斗笠·或頭上蓋一張報紙來遮雨，往往全身被雨淋得透濕。〔註 130〕

4. 補習生與先修生

為了培養合格生源，有些民國高校還招生一定數量的補習生和先修生，以幫助他們考取本校的正科生。

以 1920 年代末的廈門大學為例，1929 年新學年開學之前，私立廈門大學舉行了兩次招考，其招生簡章和廣告中明確規定招收補習班學生。其中，第一次招生廣告稱：「教育部立案廈門大學招生。本大學今年招考文、理、教、商、法各科本科、預科第一年級生及預科補習班，男女兼收」。第二次招生廣告稱：「教育部立案廈門大學在上海招男女生。班次：文、理、教育、商、法各本科插班生；預科第一年級及預科補習班各三班」。〔註 131〕可見補習生也是當時廈大的招生類別之一，有時其招收的補習生人數比預科生人數還多。

又如，1935 年，在後來頗為中國文史學者們稱道的無錫國學專修學校，除了七個班的學生為正科生之外，還另外設了一個補習班，這些程度較差的補習班學生就屬於補習生，補習後經考試合格後才能升入正科。〔註 132〕

〔註 129〕《專科以上學校學生學籍規則》，教育部：《教育法令》，上海：中華書局，1947年 7 月版，第 162～164 頁。

〔註 130〕關敏：《西南聯大的學習與生活》，全國政協文史資料委員會：《文史資料存稿選編》精選，《昔年文教追憶》，北京：中國文史出版社，2006 年 5 月第 1 版，第 245 頁。

〔註 131〕《申報》，1929 年 7 月 1 日，8 月 25 日。

〔註 132〕楊廷福、陳左高：《無錫國專雜憶》，張忱石：《學林漫錄》四集，北京：中華書局，1981 年 10 月第 1 版，第 85 頁。

南京國民政府時期，當局曾通令高校取消預科，1930 年，廢止大學預科；1931 年，又廢止專科學校的預科。此後，各校一般不再招收預科生，但卻招收與其性質相似的先修班學生。

例如，抗戰期間，復旦大學遷到重慶，1941 年夏秋，全部遷入重慶夏壩新校舍上課，後添設僑生先修班，以便利華僑子弟們升學。其他高校一般也會招收先修班學生，即先修班的學生一般就稱爲先修生，經考試後合格可以升入本科。

5. 借讀生與轉學生

民國時期的高校一般還會招收一定數量的借讀生。例如，1932 年春，楊絳來到清華大學借讀，其間她與錢鍾書相識相愛，而爲了和錢鍾書多同學一年，楊絳後來又考入清華大學研究院。〔註133〕

「九・一八」事變後，東北淪陷，東北地區高校學生紛紛來到北平及上海等高校借讀。抗日戰爭爆發後，借讀現象更多。例如，1937 年 9 月，仍留在北平的輔仁大學收容了原北平大學、北京大學、清華大學、師範大學等高校沒有隨校南遷的 80 餘名學生，這些人都被稱爲「借讀生」。〔註134〕

同時，民國高校除招收普通本科的大學一年級新生，還經常招收轉學生。以北京大學爲例，1934 年 8 月 25 日，在北大公佈的一份新生錄取名單上，其中參加轉學考試並被錄取的文學院新生有 11 名，其餘新生爲 103 人，轉學生名額約占總錄取名額的 10％，法學院錄取轉學生 8 人，其餘新生爲 30 人，轉學生錄取人數約占總錄取名額的 21％。可見，當年北大招收的轉學生比例也相當可觀。

6. 特別生與選讀生

民國時期，有些高校除了招收正科生，還招收特別生和選科生。

1912 年 10 月 25 日，北京民國政府教育部公佈《暫准法政專門學校設立別科令》，規定法政專門學校可以招收別科生。〔註135〕這是中央政府明文規定

〔註133〕張者：《文化自白書》，北京：北京廣播學院出版社，2004 年 10 月第 1 版，第 29 頁；楊季康（注：即楊絳）：《我愛清華圖書館》，《清華校友通訊》復 43 期，2001 年 4 月。

〔註134〕軍特務部：《事變後北平各大學狀況概要及意見》，昭和 12 年 9 月末日調，日本外務省記錄。轉引自董守義、袁閬琨：《日本與中國近代教育》，大連：遼寧教育出版社，1993 年 8 月版，第 216 頁。

〔註135〕《教育部公佈暫准法政專門學校設立別科令》，璩鑫圭、唐良炎：《中國近代教育史資料彙編・學制演變》，上海：上海教育出版社，2007 年版，第 675 頁。

高校可以招收正科生以外的新生。

　　實際上，各公立高校有較大的自主權，完全可以自主地招收正科生以外的特別生，私立高校更是不受約束，盡力招考特別生。

　　以私立廈門大學為例，1921 年 3 月，該校公佈《廈門大學大綱》，其中規定：

　　　　凡中等以上學校畢業生、通過本校入學試驗者，得入本大學預科或本科；其有相當程度、通過本校特別試驗者，得入本大學為特別生。……特別生所選學習科試驗及格者得授與該科修業證明書。……特別生在學二年以上，成績優良，經教務會議審查通過者得編入本科。〔註 136〕

可見，如果成績優良，廈門大學的特別生完全有機會轉為正式的本科生。

　　根據 1913 年《高等師範學校規程》的有關規定，高等師範學校除設預科、本科、研究科之外，還可設專修科和選修科，可見，當時的高等師範學校可除招收本科生、預科生及研究科生之外，還可以招收專修生和選科生。選修科生可以選習本科及專修科中之一科目或數科目，但「倫理及教育學均須兼習」。〔註 137〕

　　南京國民政府時期，當局對高校招收特別生進行了規範和限制。但是，由於政府沒有直接控制高校招生，有些高校還是設法招收特別生。例如，嶺南大學就明文規定：「投考一年級生如間有一二科不及格，倘有餘額，本校得酌量取錄為特別生。惟該生須於一年之內，將不及格之科目補習完峻，否則須自行退學。」〔註 138〕

　　後來，教育部於 1941 年 11 月 29 日公佈了《專科以上學校學生學籍管理規則》，其中規定，專科以上學校得「酌收特別生，以邊疆、華僑及外國籍學生為限」。〔註 139〕這表明國民政府對各高校招收特別生的控制措施進一步加強。

〔註 136〕上海《民國日報》，1921 年 3 月 30 日第七版。

〔註 137〕《教育部公佈高等師範學校規程令》（1913 年 2 月 24 日），北洋政府教育部檔案，中國第二歷史檔案館：《中華民國史檔案資料彙編》第三輯（教育），南京：江蘇古籍出版社，1991 年版，第 145～146 頁。

〔註 138〕嶺南大學：《私立嶺南大學一覽》，廣州：私立嶺南大學印行，1932 年 3 月出版，第 83 頁。

〔註 139〕《專科以上學校學生學籍規則》，教育部：《教育法令》，上海：中華書局，1947 年 7 月版，第 162～164 頁。

7. 偷聽生與偷閱生

在回憶蔡元培時代的北京大學時，不少人都提到當時北大的開放與自由狀況。

例如，馮友蘭在《三松堂自序》中回憶說：

> 學校對於校外群眾也是公開的。學校四門大開，上課鈴一響，誰願意來聽課，都可以到教室門口要一份講義，進去坐下就聽。發講義的人，也不管你是誰，只要向他要，他就發，發完為止。當時有一種說法，說北大有三種學生，一種是正式學生，是經過入學考試進來的；一種是旁聽生，雖然沒有經過入學考試，可是辦了旁聽手續，得到許可的；還有一種偷聽生，既沒有經過入學考試，也不辦旁聽手續，不要許可，自由來校聽講的。有些人在北大附近租了房子，長期住下當偷聽生。在這種情況下，旁聽生和偷聽生中可能有些是一本正經上課的，而正式生中有些人上課不上課就很隨便。〔註140〕

又如，1944年，北大校友朱海濤的回憶更詳細，他寫道：

> 而最痛快的是求師。北大的學術之門是開給任何一個願意進來的人的。在這一點上，我覺得全國只有北大無忝於「國立」兩個字。只要你願意，你可以去聽任何一位先生的課，決不會有人來查問你是不是北大的學生，更不會市儈也似的向你要幾塊錢一個學分的旁聽費，最妙的是所有北大的教授都有同樣博大的風度，決不小家氣的盤查你的來歷，以防拆他的臺。因此你不但可以聽，而且聽完了，可以追上去向教授質疑問難，甚至長篇大論的提出論文來請他指正，他一定很實在的帶回去，很虛心的看一遍（也許還不止一遍），到第二堂帶來還你，告訴你他的意見。甚至因此賞識你，到處為你揄揚。這種學生是北大極歡迎的。雖然給了個不大好聽的名稱：「偷聽生」。〔註141〕

據朱海濤回憶，當時北京大學文學院所在地沙灘，被稱為「中國之拉丁區」，這一帶有許多小公寓，裏面住著許多不知名的學人，其中有許多就是北大的

〔註140〕 馮友蘭：《三松堂自序》，《三松堂全集》第一卷，鄭州：河南人民出版社，2001年1月版，第276～277頁。

〔註141〕 朱海濤：《北大與北大人——「拉丁區」與「偷聽生」》，《東方雜誌》第四十卷第十五號，1944年8月15日發行，第57～58頁。

旁聽生或偷聽生。儘管那裡的住宿條件不太好，但是，當時的沙灘卻是廣大學子理想的求學聖地，而且形成了「拉丁區」最可貴的區風——濃厚而不計功利的學術風氣。當然，該區食宿便利，且經濟實惠，更令清寒學子們感到滿意。

> 有著成百成千的人從幾百幾千里路外來到北平，住到這十九世紀的公寓裏，戀戀的住了一年，兩年，甚至三年，四年，直到逼不得已，才戀戀不捨地離開。……就這樣，多少的無名學者在這裡苦學，埋頭！……因爲這是一個最理想的學習區域，公寓的房錢，好一點的四五塊錢夠了，壞一點一兩塊就成，茶水、電燈、用人、一切在內。吃飯，除附近的便宜小館外還有最便宜者，幾分錢就可以吃飽一頓。〔註142〕

其中，有一部份的「偷聽生」是爲了藉此準備考試或升學，但也有不少人，「毫無別意爲學問而學問，一年又一年偷聽下去的」。並且所產生的英雄還不少，例如知名作家沈從文就是當年北大的偷聽生，還有常在《獨立評論》上發表精彩文章並爲胡適所欣賞的申壽生，等等。〔註143〕

當然，如果不想進北大教授的課堂偷聽，則可以到北大的圖書館當「偷閱生」。對此，朱海濤回憶說：

> 讀書則窗明几淨的北大圖書館，不論你是不是北大學生，絕對將你當作北大學生似的歡迎你進去。……以一位主人翁的姿態進入金碧輝煌的北平圖書館。我想老杜如走到這裡來，他一定也張開嘴笑了。這是民主國家的寒士，強過「盛唐」的拾遺之處。〔註144〕

由此，當時北大的偷聽生和偷閱生幾乎和北大的正式生平分天下：

> 許多在班上常見的面孔，在北大的浴室和球場裏也常見到。熟到使我們在別處遇著時，義不容辭的自動願爲他們證明學籍，偏他們婉謝了：「我只在北大旁聽了兩年。」同時，又有許多真正的北大生，卻成年的看不到他們上課，直到學年考試時才來應一應卯。好

〔註142〕朱海濤：《北大與北大人——「拉丁區」與「偷聽生」》，《東方雜誌》第四十卷第十五號，1944 年 8 月 15 日發行，第 57～58 頁。

〔註143〕朱海濤：《北大與北大人——「拉丁區」與「偷聽生」》，《東方雜誌》第四十卷第十五號，1944 年 8 月 15 日發行，第 57～58 頁。

〔註144〕朱海濤：《北大與北大人——「拉丁區」與「偷聽生」》，《東方雜誌》第四十卷第十五號，1944 年 8 月 15 日發行，第 57～58 頁。

在這時偷聽生都不參加的，正好騰出位子來（正像平時他們騰出位
子來一樣），使教室裏坐得如同平常。〔註145〕

對於北大的偷聽生和偷閱生情況，1934年考入北大哲學系的任繼愈也回憶說：

當時北大校門任人出入，教室任人聽課，圖書館閱覽室也任人
閱讀。不管是不是北大的成員，都可以走進來，坐下就看書，無人
干涉。寫北大校史的人，都提到北大沙灘有不少在北大的旁聽生（辦
過旁聽手續的）和偷聽生（未辦旁聽手續的），如丁玲就是偷聽生中
的一位，傳爲佳話。其實當年舊北大的圖書館還有「旁閱生」和「偷
閱生」（臨時鑄造的新詞，自知不妥，並無貶義）。這一條渠道也曾
給一部份社會自學青年提供了讀書的方便。這些自由出入圖書館的
讀者，除了不能從書庫借書外，實際享有查閱中西文開架書刊文獻
的一切方便，與北大正式生沒有兩樣。說來也奇怪，在這種極端開
放，幾乎無人干預的情況下，沒有聽說圖書丟失事件，只有一次在
盥洗間抓獲過一個摘取電燈泡的小偷，這與偷書無關，另當別論。
〔註146〕

可見，民國時期，無論從是入學手續的辦理，還是從食宿便利和經濟的角度
看，廣大學子如果想進國立北京大學學習，並不是一件很困難的事，而不像
今天的情況一樣，即使正式考上北大，家境貧寒的學子可能也無法承受求學
的經濟壓力。

北大校友朱海濤說：「學術是天下的公物，『勝地自來無定主，大抵山屬
愛山人』，我希望北大精神能風行全國」。〔註147〕因此，民國的高校招生入學
制度的經驗非常值得借鑒。

綜上，名目繁多的學生類別和身份體現了民國高校招生入學制度高度的
靈活性與開放性，民國學子可以根據自己的學業成績、經濟條件及興趣愛好
想方設法進入高校，獲取接受高等教育的學習機會，而且求學的難度可能要
比今天小得多。

〔註145〕朱海濤：《北大與北大人——「拉丁區」與「偷聽生」》，《東方雜誌》第四十
卷第十五號，1944年8月15日發行，第57～58頁。

〔註146〕任繼愈：《松公府舊北大圖書館雜憶》，《天人之際》，上海：上海文藝出版社，
1998年6月第1版，第399～400頁。

〔註147〕朱海濤：《北大與北大人——「拉丁區」與「偷聽生」》，《東方雜誌》第四十
卷第十五號，1944年8月15日發行，第58頁。

1904 年，哈佛大學校長查爾斯‧艾略特在給校董事會的一封信中說，他希望所有青年男子，有很多錢的，有一點錢的，或完全沒有錢的，只要有頭腦，哈佛都應該對他們敞開大門。〔註 148〕從總的情況來看，如果能夠排除戰亂和社會經濟等因素的困擾，民國時期的高校入學制度是基本上可以做到讓廣大學子自由地進入高校學習的，特別是在蔡元培改革北京大學的時代。

（二）入學支助

對家庭條件比較困難的優秀學生進行支助是維護社會公平和正義的必要措施。民國時期，政府對表現優異的學生比較重視，還專門立法規定了相關的優待和資助措施。

1912 年 9 月 29 日，教育部公佈《學校徵收學費規程》，其中規定，各學校「為鼓勵學生起見，得於成績最優者分別減免學費」。還要制定減免學費章程，其章程「得由校長定之；但須呈經管轄官廳認可」。〔註 149〕

南京國民政府時期，當局對品學兼優的清寒學生更加重視，甚至將有關獎勵和支助優秀清寒學生的規定載入憲法。中華民國訓政時期約法之國民教育專章第 56 條規定，全國公私立學校應設置免費及獎學金額，以獎進品學俱優無力升學之學生。〔註 150〕1935 年 5 月 1 日立法院通過的《中華民國憲法草案》之教育專章第 138 條規定，國家對於學生學行俱優而無力升學者予以獎勵或補助。〔註 151〕1946 年 12 月 25 日國民大會通過的《中華民國憲法》第 161 條規定，「各級政府應廣設獎學金名額，以扶助學行俱優無力升學之學生」。〔註 152〕

〔註 148〕 程星：《細讀美國大學》（增訂本），北京：商務印書館，2006 年 7 月第 2 版，第 23 頁。

〔註 149〕 《教育部公佈學校徵收學費規程令》，北洋政府教育部檔案，中國第二歷史檔案館：《中華民國史檔案資料彙編》第三輯（教育），南京：江蘇古籍出版社 1991 年版，第 64～66 頁。

〔註 150〕 《中華民國法規大全》，第一冊，上海：商務印書館，1936 年版，轉引自宋恩榮、章咸：《中華民國教育法規選編》，南京：江蘇教育出版社 2005 版，第 37 頁。

〔註 151〕 《憲法文選》，上海：會文堂新記書局，1937 年版，轉引自《中國憲法類編》，第 470 頁。

〔註 152〕 《國民政府法規彙編》，第十九編，轉引自《中國憲法類編》，第 444～445 頁，宋恩榮、章咸《中華民國教育法規選編》，南京：江蘇教育出版社，2005 版，第 52～53 頁。

因此，民國時期，一些成績優秀的考生即使家庭經濟條件較差，仍然可以獲得一定的支持和幫助，順利進入高校並獲得接受高等教育的寶貴學習機會。這樣的例子是非常多的，不勝枚舉。

即使成績不算優秀，但如果一心向學，在民國時期的高校報考入學制度下，許多人也可以想方設法在高校獲取相當多的學習機會。美國人艾思拉‧康奈爾（Ezra Cornell）在以他自己名字命名的大學建立之初，曾驕傲地宣稱：在康奈爾大學，「任何人在這裡都找到他想學的任何東西」。〔註153〕而在民國時期，無論是從理論還是從實踐的角度觀察，只要有志於學，只要足夠努力，在多數情況下，不少學子似乎也一樣可以自由地走進高校的大門獲並得自由學習的機會，可以聽名師的講課，跟隨名師學習自己想學的任何東西。在中國，高等教育機會往往是最緊缺的資源之一，但在民國時期，各類高等教育資源對於廣大學子卻基本上自由開放的，在名校跟隨大師學習的機會也是很多的，不少熱愛學習的人都有可能通過公平競爭獲取最優質的學習機會。

綜上所述，在民國多數時期，由於政府沒有直接干預、直接參與和嚴密控制高校的招生，從而使得進入高校學習的學生類別和身份名目繁多，這也同時體現了民國高校招生與入學制度高度的靈活性與開放性。而由於高校招生的靈活與開放，再加上政府和高校對優秀的清寒學生進行特別的支助，民國的高校報考與入學制度幾乎使所有熱誠向學的學子不僅有可能憑自己的學業成績獲取高等教育的學習機會，而且還可以根據自身條件和實際情況比較自由地選擇志願的高校、學科、專業、課程和教師，學習自己喜歡的知識和技能，其歷史經驗和智慧無疑值得後人學習和借鑒。

第三節　優待制度

民國時期，某些身份比較特殊的考生，如邊疆或少數民族考生、華僑學生及功勳人員子弟，在報考與入學高等學校的過程中，一般都能夠享受到中央政府及各高校制定的優待政策，包括類似今天某些人員可以享受的高考加分之類優惠照顧。系統研究民國時期高校招考錄取與學生報考入學中的優待制度的經驗教訓，可以為今天的高考加分優惠政策的實施或改革提供歷史鏡鑒。

〔註153〕轉引自程星：《細讀美國大學》（增訂本），北京：商務印書館，2006年7月第2版，第13頁。

一、中央政策

無論是北京民國政府時期，還是南京國民政府時期，中央政府都在高校招考與入學方面對某些特殊人群實行優待照顧政策，並出臺了不少這方面的規章制度。

1. 優待邊疆與少數民族學生

民國時期，政府制定實施了對滿蒙藏回族學生及邊疆學生報考入學的優待規定，這些優惠待遇主要包括專設學校與專設學額等。

（1）專設學校與學額

1912 年，教育部曾在北京籌辦滿蒙高等學校。1913 年 2 月，教育部公佈《蒙藏學校章程》，其中規定該校重在多收蒙藏青海學生，並對招收各民族學生之學額分配及免收學費等事項作了明確的規定。1928 年 6 月 20 日，教育部公佈《蒙藏專門學校規程》，重申了上述規定。〔註 154〕

南京國民政府為獎勵蒙藏學生研究高深學術，教育部於 1929 年 7 月 24 日發布了《蒙藏學生就學國立中央北平兩大學蒙藏班辦法》的訓令，要求國立中央大學及北平大學，「各設蒙藏教育班，專教育蒙藏學生」，要求各盟旗選送學生入學時應開列該生姓名、性別、年歲、籍貫、學歷、品行評語，所通語言文字，所送入大學各項內容，選送的學額，由中央、北平兩大學自行酌定後呈送教育部核准。蒙藏班之組織及課程，也由該兩大學自行擬定，並呈送教育部核准。該訓令還規定了對蒙藏班學生的優惠待遇：一是入學免費，蒙藏學生在該兩大學蒙藏班肄業，免其學費；二是免試升學，「蒙藏班程度相當於大學預科修業，期限暫定二年，畢業後升入大學本科，准免受入學試驗」。〔註 155〕

（2）優惠與資助學費

據 1928 年 6 月 20 日公佈的《蒙藏專門學校規程》規定，內地高校招考蒙藏青海學生時應當給予「不納學費」的優惠照顧。

1922 年，第八屆全國教育會聯合會大會議決案《建設蒙藏回教育案》擬定了資助蒙藏迴學生入內地學習的辦法，規定：「蒙藏迴學生既通漢文漢語，並具有普通知識後，可由該管長官酌量資助，使入內地遊學」。

〔註 154〕《教育部行政紀要》丙編，《教育部公佈蒙藏學校章程》，《教育部公佈蒙藏學校章程》，朱有瓛：《中國近代學制史料》第三輯下冊，上海：華東師範大學出版社，1990 年版，第 689，680～684 頁。

〔註 155〕《蒙藏學生就學國立中央北平兩大學蒙藏班辦法》，教育部：《教育法令》，中華書局，1947 年 5 月版，第 324 頁。

　　教育部於 1939 年 5 月 12 日發布的《修正教育部補助蒙藏迴學生升學內地專科以上學校辦法大綱》規定，教育部在邊疆教育補助費內指撥專款補助蒙藏迴學生升學內地，凡考入公立及已立案之私立專科以上學校者均可請求補助。〔註 156〕

　　（3）招考錄取優待

　　蒙藏委員會與教育部於 1939 年 7 月 14 日聯合發布《修正待遇蒙藏學生章程》的規定，蒙藏地區的各官署和學校及與蒙藏相連之沿邊各省縣政府（包括新疆、西康、青海、寧夏、甘肅及西南等邊地），可向蒙藏委員會保送蒙藏學生，由蒙藏委員會轉送教育部，並在高校招生與入學方面給予下列優待：一、專科以上學校招生時，對於蒙藏學生得從寬取錄或另舉行入學試驗；二、入學試驗不及格，經認為合於旁聽生資格者，得收作旁聽生；三、入學試驗不及格，且不能隨班旁聽者，由教育部指定學校令其實習；四、各學校收錄之蒙藏旁聽生，學年考試及格者，應改為本班正式生，其不及格者，仍為旁聽生，旁聽滿一年後，給予旁聽證書；五、凡經蒙藏委員會核送教育部份發之蒙藏學生，在公立學校應免全部學費，在私立學校應酌予減免。〔註 157〕

　　1929 年 9 月 10 日，教育部發布《優待新疆西康學生辦法》，要求按照第三屆中央委員會第二次全體會議關於蒙藏之決議案第四條之規定「特定國立及省立學校優待蒙藏新疆西康等地學生之辦法」，對新疆西康學生來京及各省求學者給予優待。

　　1931 年 2 月，教育部發布《青海省就學內地得比照蒙藏學生章程第三第四兩條辦理》，指令國立清華大學，要求對青海學生給予免試入學之優待。〔註 158〕同年 11 月 23 日，教育部訓令國立北京大學與國立北平師範大學，要求兩校對寧夏和青海兩省學生給予免試入學的優待。〔註 159〕

　　1935 年 6 月 25 日教育部發布《修正待遇蒙藏學生章程》，要求各有關機關得於每學校學期開始前，向蒙藏委員會或其駐平辦事處保送蒙藏學生，並

〔註 156〕教育部：《教育部法令彙編》第五輯，出版地不詳，正中書局，1940 年 1 月版，第 229～230 頁。

〔註 157〕教育部：《教育部法令彙編》第五輯，出版地不詳，正中書局，1940 年 1 月版，第 228 頁。

〔註 158〕教育部：《師範教育法令彙編》，上海：商務印書館，1935 年 10 初版，第 111～113 頁。

〔註 159〕教育部：《師範教育法令彙編》，上海：商務印書館，1935 年 10 月初版，第 113 頁。

「核明分別轉送各級學校」，「各校如有缺額，應收受此項學生。除資格程度相合，得編入相當班級者外，一律作為旁聽生；惟以能直接聽講者為限」，各校收錄蒙藏學生，無論為正式生或旁聽生，均應由各該校分別徑報或轉報教育部備案。除上述保送免試入學之外，該章程還規定了對蒙藏學生的另外兩項優惠待遇：一是免除學費，「凡經蒙藏委員會或其駐平辦事處介紹之蒙藏學生，在公立學校應免全部學費，在私立學校應酌量減免」；二是旁聽生可改為正式生，「各校收錄之蒙藏旁聽生學年考試及格者，改為本班正式生，其不及格者，仍為旁聽生。旁聽期滿，給予旁聽證明書」。另外，該章程還規定，新疆、西康、青海、寧夏各省學生來中央及各省求學者，可以享受與蒙藏學生同等之待遇。其保送機關，為學生所在地之省縣政府及各級學校。甘肅省學生，如具有合格之畢業證書來中央及各省求學者，也可享受同樣待遇。〔註160〕

　　1944 年 6 月 2 日，教育部公佈《邊疆學生待遇辦法》規定了對邊疆學生在升學方面的優待：一是保送入學與從寬錄取，該辦法規定有關機關或學校可以保送參加高校招生入學考試的邊疆學生升入內地高校，並要求內地高校對經教育部審查合格之保送生從寬錄取；二是入學試驗不及格的保送生可作為高校的旁聽生入校學習，旁聽一年成績及格即可轉為正式生；三是免收學費，邊疆學生入學後可享有公費待遇，也可申請補助。〔註161〕

　　從以上有關的法規可以看出，民國政府為了維護邊疆地區的穩定，增強蒙藏回等少數民族地區人民對中央政府的向心力，專門制定相關政策給予邊疆學生在報考入學高校方面的優惠待遇，這些優惠待遇主要有以下幾類：

　　（一）由政府有關部門直接保送邊疆學生免試進入內地高校；

　　（二）由政府開辦高校專門招收邊疆學生或指令知名大學專門開辦為免試招收邊疆學生所設立的班級；

　　（三）要求內地高校在招生時對邊疆學生免試或從寬錄取邊疆學生為正式生；

　　（四）要求高校招收在入學考試中不及格的邊疆學生為旁聽生，或為其補習，等其成績達到一定水平時轉為正式生；

〔註160〕《修正待遇蒙藏學生章程》，教育部：《教育法令》，上海：中華書局，1947年 5 月版，第 323 頁。

〔註161〕《邊疆學生待遇辦法》，教育部：《教育法令》，上海：中華書局，1947 年 7月版，第 361～362 頁。

（五）由政府直接給予邊疆學生經費補助或要求高校給予邊疆學生學費減免的優待。這些對邊疆學生報考入學內地高校當然是非常有利的。

綜上可知，民國初期，中央政府就出臺了相關的規定，要求高校在招生時對蒙藏迴學生給予一定的優待，這也是中國政府對邊疆少數民族學生在進入高校學習方面實行照顧政策的開端。南京國民政府教育部自成立以來，多次發布訓令，要求各高校在招生時對邊疆學生給予優惠待遇，從而形成了民國後期的高校招收邊疆學生優待制度。因此，民國初期開創的這種高校在招生中對少數民族時實行優待的制度具有深遠的歷史影響，後世的中央政府基本上沿用了這種政策和制度。

顯然，民國時期，特別是南京國民政府時期，中央政府往往將高校視爲其下屬行政機構，並要求高校爲推行中央政府的民族和邊疆政策服務。這無疑體現了一個中央集權國家政治與教育體制的特色。

2. 優待華僑學生

民國時期，華僑學生享有報考入學高校的機會是比較多的。下面分階段對民國時期高校招考優待華僑學生的政策進行系統梳理。

（1）北京民國政府時期

民國前期，政府制定實施了對僑民學生報考入學的特殊待遇制度。對僑民子弟入學的特殊優惠待遇包括三個方面的內容：一是從寬錄取僑民學生，二是爲僑民學生補習國語，三是專門設立學校招收僑民學生。

1914 年 2 月 6 日，教育部在其部令第九號《教育部公佈僑民子弟回國就學規程令》中規定了對僑民子弟回國就學的優惠待遇。該令規定，「僑民子弟年十五歲以上，曾在各居留地僑民所設之學校畢業者，得於每年入校始期以前，呈由該管領事官保送回國就學」，當然，「領事遇前項請求視爲必要時，得酌加試驗」；僑民子弟在投考入學時享有一定的優惠待遇，主要是由高校在入學試驗中給予僑民子弟「從寬取錄，但以試驗成績所差在十分以內限」的優待；對已經取錄之學生，「如果國語未甚熟練，有礙聽講者，各學校得爲設國語補習科，但不得有礙正科」等。〔註 162〕

不難看出，民國初期政府規定給予僑民子弟「從寬錄取，但以試驗成績

〔註162〕《教育部公佈僑民子弟回國就學規程令》，商務印書館：《中華民國教育新法令》第六冊，上海：商務印書館，1914 年 5 月初版，第 61 頁。

所差在十分以內限」的優惠待遇，與後來高校在招生錄取時給予某些特殊人員以加分的優待政策有異曲同工之妙。

當然，這種變相加分政策的合理性還是值得討論的。雖然多數人可能會認為，僑民子弟在入學時應當受到一定的照顧，但北京民國政府教育部強令高校在招生時給予僑民子弟特殊照顧，這是否侵犯了高校的辦學與招生自主權呢？顯然，更合理的做法應當是，不該由政府採用強制命令高校給予僑生優待，而由各高校根據自身的需要自主地決定是否給予僑民特殊照顧，否則，從法理上說，政府強令高校給予僑生優待，這對國內學生是有些不公平的，這樣的做法有可能會引起國內學生與歸國僑民在競爭高校入學機會時的衝突。

另外，1917 年 9 月，教育部准予復設暨南學校，以方便僑生歸國就學，由此，暨南學校在招生時多以華僑學生為主，從而使華僑學生的報考入學機會大增。

（2）南京國民政府時期

在中國近代史上，華僑團體的勢力不可小視，革命黨人與華僑勢力的關係相當密切，華僑勢力往往能夠利用各種人事關係影響民國各個時期政府的華僑政策。由於海外華僑支持過國民黨的革命事業，為國民黨取得政權出力不少，因此，南京國民政府成立後，為繼續得到廣大華僑的支持，國民黨人自然對海外華僑的利益照顧有加。為維護華僑的利益，同時體現國民黨當局對華僑的優待，國民政府出臺了不少特別照顧華僑學生的教育政策和法令法規，例如，中華民國訓政時期約法之國民教育專章第 54 條規定：「華僑教育國家應予以獎勵及補助」。〔註163〕同時，南京國民政府對華僑學生進入高校學習也制定並實施了相應的具體制度，下面對國民政府的優待華僑招生制度進行系統梳理。

第一，放寬入學的學歷資格和錄取標準。

南京國民政府教育當局不僅要求公立高校優待華僑學生，還要求私立大學在招考新生時也優待華僑學生。1931 年 3 月 29 日，教育部對私立燕京大學發布《具有與高中畢業相當程度之華僑學生得投考國內專科以上學校》的指令，要求燕京大學從寬錄取華僑學生，指令說：「華僑學生回國升學於專科以上學校者，其入學資格准予變通辦理。凡具有與高中畢業相當程度，經入學

〔註163〕宋恩榮、章咸：《中華民國教育法規選編》，南京：江蘇教育出版社，2005 版，第 37 頁。

試驗及格者，均得收錄」。同時，該指令還要求全國專科以上學校放寬對華僑學生的入學資格要求。〔註164〕另外，教育部公佈的《三十七年度公私立專科以上學校招生辦法》也明確規定，海外僑生可以自行報考，各高校對於繳驗僑生身份證件者，應從寬錄取。〔註165〕

第二，為僑生升學提供輔導和補習。

教育部於 1931 年 7 月 14 日《修正華僑子弟回國就學辦法》訓令，要求華僑子弟回國就學者，應先往所至地點之教育行政機關接洽，請求介紹投考學校，插入相當班次，而各省市教育廳局對於回國就學華僑子弟，應予民切實之指導，並指定人員專司其事。該辦法同時還規定了對華僑子弟在入學方面的優惠待遇：一是幾乎無條件地給予入學機會，即對於經入學試驗因程度過低不能錄取者，也應「由該校或當地教育行政機關酌量情形，由該校自行設法，予以補習之機會」，或「介紹其招考程度相當或設有華僑補習班之學校」；二是對貧苦的回國就學之華僑子弟，由所肄業之學校「酌量情形予以免繳學費之優待」。〔註166〕

第三，建立僑生回國升學的保送制度。

而且，國民政府還設有專門的僑務委員會負責保送僑生回國升學的有關事務，並於 1932 年 7 月 8 日頒佈了《僑務委員會保送及介紹僑生升學規程》。該規程規定，僑生可向當地本國領事館黨部商會或向僑務委員會申請，以獲得保送進入國內高校學習或免費升學的機會。〔註167〕

第四，在高校中增設僑生班。

抗日戰爭期間，國民政府還在有些高校增設僑生班額，如在國立復旦大學增設僑生先修班二班，在國立中山大學、廣西大學、廣東省立文理學院各增設先修班一班。同時，為鼓勵僑生回國升學，國民政府還於 1939 年在重慶設立招待所，供給回國僑生臨時食宿，對於清貧的僑生還給予公費待遇，太平洋戰爭爆發後，政府還發給僑生獎學金，以資鼓勵。〔註168〕

〔註164〕《具有與高中畢業相當程度之華僑學生得投考國內專科以上學校》，教育部：《教育法令彙編》第一輯，上海：商務印書館 1936 年 7 月版，第 342 頁。

〔註165〕《部令僑生升學從寬錄取》，《教育通訊》，1948 年 12 月，復刊五卷二十期，第 35 頁。

〔註166〕《修正華僑子弟回國就學辦法》，教育部：《教育法令彙編》第一輯，上海：商務印書館，1936 年 7 月版，第 342 頁。

〔註167〕《中華教育界》1932 年二十卷三期，第 131～132 頁。

〔註168〕中國第二歷史檔案館：《中華民國史檔案資料彙編 第 5 輯 第 3 編 政治 5》，南京：江蘇古籍出版社，1999 版，第 633～634 頁。

第五，為僑生升學設置獎學金。

抗日戰爭勝利後，對於貧困的僑生，國民政府也制定了相應的措施。1946年4月19日，教育部公佈經行政院備案的《回國升學華僑學生獎學金辦法》，為成績優異之回國升學之華僑學生專門設置獎學金。〔註169〕此辦法也體現了南京國民政府對華僑學生的優待和照顧政策。

1947年4月，教育部還頒佈了《華僑學生優待辦法》，規定海外畢業生經僑務委員會、國內外重要華僑團體，或我國駐外領館保送後，可由教育部份發專科以上學校肄業；各樣對所分發的僑生應從寬甄試，成績及格者為正式生，不及格者為特別生，其國文、國語程度較差者，校方應予以補習。這一年，經上述之各機關團體之保送，入學之僑生達餘80人。

第六，為僑生升學專設高校。

除原有的國立暨南大學，國民政府還開辦了華僑師範學校、東方語文專科學校、國立海疆學校等高校專門招收僑生；僑務委員會還於1946年3月公佈《中華函授學校組織規程》，開辦函授學校，以函授的形式培養僑生；同時國立暨南大學也繼承了以往的傳統，以招收華僑學生為主。

第七，在南洋增設考區方便華僑報考升學。

為了方便華僑學生報考國內高校，1947年，教育部還通令在南洋增設考區或聯合在南洋招生。1948年就有國立廈門大學、國立暨南大學、國立海疆學校等三所學校遠赴南洋就地招生。

第八，指定高校招收華僑特別生。

教育部於1947年2月頒佈的《專科以上學校設置特別生辦法》指定在中央大學、北京大學、清華大學、南開大學、武漢大學等16所專科以上學校設置特別生（僑生、邊疆學生和外國學生）名額。各校對於特別生甄別試驗，錄取標準應酌予降低。其中試驗成績及格者作為正式生；程度較差、不合錄取標準者，可隨班聽講，待學年考試及格後，准改為正式生，或編入先修班；屬國文程度較差者，由學校設法另予補習。〔註170〕

1948年，教育部通令暨南大學、華僑中學、僑民師範學校一律以招收僑生為原則，各校每年招收的新生中，僑生不得少於80%。同年，為了輔導僑

〔註169〕《回國升學華僑學生獎學金辦法》，教育部參事室：《教育法令》，上海：中華書局，1947年7月版，第370頁。

〔註170〕周南京：《華僑華人百科全書》教育科技卷，北京：中國華僑出版社，1999年版，第126頁。

生回國升學，教育部還要求廣州、廈門、汕頭、海南、上海等地的教育行政機關專門設立接待輔導站，並指定專人擔任回國升學僑生的諮詢與指導工作。

綜上可知，國民政府為了發展華僑教育，培養華僑的民族主義和三民主義意識，想方設法為華僑學生進入國內高校提供一切方便和優待。當然，國民政府之所以採取特別優待華僑學生政策的原因比較複雜，不僅是為了培養華僑的民族主義情緒和愛國主義熱情，可能也有為爭取廣大華僑對國民政府效忠的目的。因此，國民政府為了爭取廣大華僑的支持，將全國的高校當作推行其華僑政策的重要工具，可謂用心良苦。但是，這種優待僑生的招生政策和制度在團結和爭取華僑支持的同時，也可能產生一定的負面影響。因為，由政府統制和強制命令的各種優待規定，不僅可能侵犯高校的自主招生權，也可能會減少非僑生公平進入高校學習的機會，而且，如果對華僑報考入學實行過度的優待和照顧，實際上可能並不一定有利於華僑學生提高自身的學術水平和競爭力。類似政策可能需要持續的跟蹤調查和研究才能作出比較恰當的評判。但從基本的學理來說，在出於對所招收新生多樣化的實際需求中，高校完全可以自主地給任何考生一定的優惠待遇，當然也可以優待華僑學生。

3. 優待外國學生

民國時期，政府也制定了高校招收外國學生時的優待政策和制度，在某些方面，外國學生在報考中國高校時享有的選擇自由比中國學生可能還要多些。下面分階段對有關制度進行整理。

（1）北京民國政府時期

北京民國政府時期，政府制定了對外國學生進入中國大學分科的優惠待遇制度，其內容包括：選校自由、選科自由、膳宿自由等。

1916 年 9 月 19 日，教育部公佈《大學分科外國學生入學規程》，專門規定了外國學生進入中國大學分科學習的有關制度。〔註171〕

在允許外國學生入學方面，根據該規程規定，外國學生可以進入中國公私立大學分科學習，因為「大學分科得許外國學生入學」，「凡經本部立案之私立大學」，也適用本規程。可見，對於外國學生進入中國之高校，並沒有公立或私立之限制。

〔註171〕《教育部公佈大學分科外國學生入學規程》，朱有瓛：《中國近代學制史料》第三輯下冊，上海：華東師範大學出版社，1990 年版，第 20～21 頁。

此外，在該規程中，教育部還規定了外國學生入學的申請入學辦理程序：「外國學生欲入學者，須於學年開始以前請由其本國公使，函送本部，經部指令欲入學之校考驗合格，始得入校肄業」。

在外國學生入學選科方面，該規程規定，外國學生入學時「其全修分科某門科目或選修一門或數門中之數科目，均聽入學生之便」，「其選修數科目者，得於各該科目之始期行之；但經一次考驗入學，欲續選本門之他科目時，得免考驗」。

在外國學生入學考試方面，該規程規定，外國學生入學須經「入學之校考驗合格，始得入校肄業」，另外還規定了外國學生須考驗之事具體事項和學術科目，此不贅述。

在外國學生入學交費方面，該規程規定，外國學生的學費膳宿費「與本國學生一律收受，不願膳宿者聽」。〔註172〕

從上述規程可以看出，民初政府對外國學生在進入中國高校學習是完全開放的。而且，從明文規定的制度來看，外國學生享有的選擇學校和學習專業學科等方面的自由似乎比本國學生還多些。

（2）南京國民政府時期

根據傳統，同時也出於政府外交政策的需要，南京國民政府對外國學生和加入我國國籍的學生進入中國體制內高校學習也制定了相應的優待制度。

在外國國籍學生入學方面，國民政府曾爲外國學生專設獎學金，爲其提供來華進入國立大學學習提供方便。

1947 年 3 月 11 日，教育部公佈《南洋學生獎學金辦法》，在國立中央大學、國立中山大學、國立北京大學、國立清華大學及國立暨南大學等爲南洋學生（包括越南、暹羅、緬甸、馬來亞、婆羅洲、爪哇、蘇門答臘、菲律賓等地之各族學生）設置獎學金，共計五十名，爲其入學提供資助。〔註173〕

在對加入我國國籍學生的入學優待方面，1929 年 9 月 28 日，教育部轉發國民政府令發布《歸化我國籍學生免費辦法》，其中要求：「全國各大學，遇

〔註172〕《教育部公佈大學分科外國學生入學規程》，朱有瓛：《中國近代學制史料》第三輯下冊，上海：華東師範大學出版社，1990 年版，第 21 頁。

〔註173〕《南洋學生獎學金辦法》，教育部：《教育法令》，上海：中華書局，1947 年 5 月版，第 200 頁。

有歸化韓民，或其他願歸我國籍之民族之學生，請求免費入學，考試及格，經本部特予核准者，准免除其學膳費之一部或全部」。〔註174〕

雖然當時人們很少對上述優待外國學生和加入我國國籍人員的政策提出批評，但是，顯然，國民政府也有將高校視爲推行外交和政策工具之嫌，而且，政府給外國學生的優待似乎不應當超過對本國學生優待的限度，否則，就有可能對本國學生的自由報考和進入高校學習的權利造成一定的損害。當然，這個問題比較複雜，需要深入的研究和討論。

4. 優待功勳人員

民國時期，中央政府制定了不少政策優待各類功勳人員，使他們在報考與入學高校的過程中能夠享受一定的優惠待遇。

（1）對戰時服役學生之入學優待規定

抗日戰爭期間，爲鼓勵學生從軍，教育部於 1944 年 11 月 3 日發布《志願從軍學生學業優待辦法》的訓令，要求高校在招生時給予志願從軍優待：（一）已屆中等學校畢業的志願從軍學生在退伍時可以免試升學，還未中等學校畢業但已修滿最後一年第一學期課程的從軍學生在復學後可以免除中學會考並免試升學；（二）大學先修班從軍學生退伍時可以免試升學。〔註175〕

在抗日戰爭結束後，教育部對於中等以上學校戰時服役學生的升學也規定了一些優惠待遇，其中包括「知識青年從軍學生曾在先修班修業期滿或高中畢業者，於退役後繼續升學時，得由教育部予以登記免試，分發專科以上學校」。〔註176〕

（2）對革命功勳子女入學免費優待規定

早在國民政府教育部成立以前，中華民國大學院就曾於 1928 年 1 月 29 日公佈了《革命功勳子女就學免費條例》，對已入學的革命功勳子女給予免費或免費加津貼補助等優待。按其規定，革命功勳是指「受本黨命令運動革命，而致爲敵人所害或喪失性命或身體殘廢不堪任事者，或依國民政府戰事撫恤暫行條例，得有撫恤之官佐士兵，但臨陣受傷一項，以身體殘廢不堪任事者

〔註174〕《歸化我國籍學生免費辦法》，《教育法令彙編》第一輯，1936 年 7 月版，第102 頁。
〔註175〕教育部：《教育法令》，上海：中華書局，1947 年 7 月版，第 90 頁。
〔註176〕《中等以上學校戰時服役學生復學及轉學辦法》，教育部參事室：《教育法令》，上海：中華書局，1947 年 7 月版，第 376 頁。

為限」。〔註177〕1930年9月9日，教育部指令浙江省教育廳，要求將該條例所規定的「革命功勳子女」範圍限定於「革命功勳者親生或繼承之子女，其弟妹不得請求免費」。〔註178〕1932年8月11日，教育部發布訓令，規定殉國將士遺族得援照革命功勳子女免費條例辦理。〔註179〕

這裡值得注意的是，雖然國民政府對其所謂的「革命功勳」子女就學給予免費或津貼的優惠待遇，但也只規定「革命功勳」子女只有在被高校招生時正式錄取後才能享受優待，並沒有規定「革命功勳」子女可以免試入學或從寬錄取。從錄取享受學習機會的角度來看，「革命功勳」子女的學習機會不及華僑子女或蒙藏學生多。

（3）對抗戰功勳子女入學的優待規定

1938年10月12日，國民政府公佈《抗戰功勳子女就學免費條例》。其中規定：「抗戰功勳之文武官佐士兵及人民之子女，考入各地各級公立學校時，其家境貧苦不能擔負費用者，得依本條例，請求免費待遇。前項請求，以得有恤金給與令或經依戰地守土獎勵條例核准免除子女學費者為限」。可見，國民政府對考入各地各級公立學校的抗戰功勳子女在入學時也給予優惠待遇。根據該條例，抗戰功勳子女考入高校而家境貧苦不能擔負費用者，可以享受的優待有兩種：一種是免費，即免繳各種費用如學費實驗費及講義費等，另一種是免費加補助，即不僅可以免繳各種費用，有的還可以得到政府的生活和學習費用補助，如膳宿、制服、書籍等費。〔註180〕

（4）榮譽軍人的入學優待制度

南京國民政府對有志於進入高校學習的榮譽軍人也給予優待。

1941年8月2日，教育部公佈的《榮譽軍人就學中等以上學校辦法》規定，具有高中畢業資格並能提出證件者，准入大學先修班旁聽或試讀；曾在專科以上學校肄業並能提出證件者，准入大學或專科學科旁聽或試讀；各高

〔註177〕教育部：《教育法令彙編》第一輯，上海：商務印書館，1936年7月版，第100～101頁。

〔註178〕教育部：《教育法令彙編》第一輯，上海：商務印書館，1936年7月版，第101頁。

〔註179〕教育部：《教育法令彙編》第一輯，上海：商務印書館，1936年7月版，第101頁。

〔註180〕教育部參事處：《教育法令彙編》第四輯，出版地不詳，正中書局，1940年1月初版，第33～34頁。

校在收受榮譽軍人入學旁聽或試讀，以各校所有缺額爲限；各校旁聽或試讀之榮譽軍人，經學期或學年試驗成績及格者，准改爲正式生，不及格者，準留原年級旁聽或試讀。如再經學期或學年試驗，成績仍不及格，作爲旁聽、試讀期滿，發給證明書令其退學。〔註181〕

從以上優待制度不難看出，南京國民政府以進入高校學習的機會作爲對功勳人員的獎賞，當然，所謂功勳人員必須經過政府的認可，主要是對南京國民政府政權的建立有功的人員及參加抗日有功的人員。

5. 優待優秀及清寒學生

南京國民政府時期，爲了籠絡人心，同時也爲維護社會穩定與公平，在高校招生方面，國民政府出臺了一些政策和有關的制度，以優待家境貧窮但學業優良的清寒學生。中華民國訓政時期約法之國民教育專章（1931年5月12日國民會議通過，1931年6月1日國民政府公佈）第56條規定，全國公私立學校應設置免費及獎學金額，以獎進品學俱優無力升學之學生。〔註182〕《中華民國憲法草案》（1935年5月1日立法院通過，1936年5月5日由國民政府公佈）之教育專章第138條規定，國家對於學生學行俱優而無力升學者予以獎勵或補助。〔註183〕《中華民國憲法》（1946年12月25日國民大會通過，1947年1月1日由國民政府公佈）之教育文化專節第161條規定，「各級政府應廣設獎學金名額，以扶助學行俱優無力升學之學生」。〔註184〕

1940年4月23日，教育部「爲紀念總裁抗戰建國功勳起見」，公佈《專科以上學校清寒優秀學生中正獎學金辦法》，獎學金名額暫定爲400名，每名年給獎學金國幣400元，其中，半數名額於「統一招生及各校自行招生時，由教育部核定學科及名額，以考試成績決定之」，其給予獎學金的條件包括成績優異的中等學校畢業生及統一招生考試或各校入學試驗成績特優

〔註181〕教育部參事室：《教育法令》，上海：中華書局，1947年7月版，第90～91頁。

〔註182〕宋恩榮、章咸：《中華民國教育法規選編》，南京：江蘇教育出版社，2005版，第37頁。

〔註183〕陳荷夫：《中國憲法類編》，北京：中國社會科學出版社，1980年12月版，第470頁。

〔註184〕宋恩榮、章咸：《中華民國教育法規選編》，南京：江蘇教育出版社，2005版，第52～53頁。

經審查合格者，符合條件者須於「統一招生或各校自行招生報考時，填具獎學金申請書」。〔註185〕

1936 年 5 月 6 日，教育部發布《各級學校設置免費學額及公費學額規程》，要求全國各級公私立學校根據有關規定為家境清貧、體格健全、資稟穎異、成績優良之學生設置免費及公費學額，其中專科以上學校應設置全校學生數百分之十以上之免費學額（其中 1936 至少達到 5%，且應逐年增加，並於 1939 年度一律達到 10%的標準）及百分之二公費學額（且應逐年增加，並規定了給予每名公費學額的具體補助金額）。〔註186〕

1940 年 9 月 4 日，教育部發布《修正各級學校設置免費學額及公費學額規程》，要求專科以上學校應設置全校學生數百分之十以上之免費學額及百分之四公費學額（醫藥專科學校及師範學院另有規定）。而且明確要求各學校將其中分配於次年新招學生之免費及公費學額於招考新生時「載入招考簡章，以資公告」。招考學生應於報名時呈繳家境清貧證明書，還規定，如果申請免費或公費的新生人數超過各校應設置的名額數，則各校應將其免費或公費學額「給予入學考試成績較優之學生」。〔註187〕

不可否認，南京國民政府實施的優待清寒學生制度當然有比較積極的作用，對學業成績優良的清寒學生有非常大的幫助，這種對清寒學生的優待的確有助於他們獲取平等的高等教育機會，但同時，另一方面，這種由政府統一規定並強制所有公私立高校都在招生時對實施實行清寒學生優待的政策或許也有欠妥之處或值得反思的地方。這樣做是否會侵犯高校的自主招生權呢？這對私立高校公平嗎？對清寒學生的照顧是否一定要由政府強制規定呢？由政府強制規定優待清寒學生的做法是否會產生負面影響呢？會不會產生冒名頂替等弄虛作假的現象呢？這些可能出現的問題都說明由政府統制高校招生對清寒學生實施優待不一定是最合理的辦法。清寒學生的確需要資助，但也許有更好的辦法來資助優秀的清寒學生。

〔註185〕教育部參事處：《教育法令彙編》第六輯，出版地不詳，正中書局，1941 年 1 月初版，第 152 頁。

〔註186〕教育部參事室：《教育法令》，上海：中華書局，1947 年 7 月版，第 88～89 頁。

〔註187〕教育部參事處：《教育法令彙編》第六輯，出版地不詳，正中書局，1941 年 1 月初版，第 48～50 頁。

綜合本章所述民國時期政府制定的高校招生優待制度史實，不難發現，當時的中央政府往往將體制內高校視爲推行政府政策的工具，同時將進入高校學習的機會當作執政當局對特殊人員的獎賞或恩賜，而爲了更好地實現政府的某些政策目標，執政當局於是往往出臺法令法規，強制要求各公私立高校在招生活動中對某些身份特殊的人員給予一定的優惠待遇。這種做法在中央集權與專制教育體制中當然顯得很正常，但在分權與民主教育體制中則可能顯得很不正常。因爲，現代高校從本質上說不是政府的行政機構，沒有義務爲政府推行任何政策服務，政府爲了獎賞或優待某些特殊人員也不一定非要通過這種方式；而且，高校在招生活動中給予某些特殊人員優惠待遇，應當由高校根據發展教育學術本身的目的自主地決策，而不應受到外部力量的強制。

當然，對某些特殊人群實行一定的優待，雖然有時候從表面上看來也是合情合理的，但這樣由中央政府強制規定的做法也可能帶來不少問題，例如，如何在協調各方利益的同時，又保證高校的自主權，這可能是一個在理論與實踐上都不容易解決的難題。這方面或許可以借鑒美國大學的某些做法。例如，美國有些大學在招生時就特別注重招收來自不同種族和家庭背景及具有特殊經歷與個性的新生入學，有時甚至不惜在學業成績方面降低錄取標準，但其理由主要不是爲了照顧某些特殊人員，而是爲了達到本校新生來源多元化與成分結構合理化的目的，是爲了整個高校與全體學生的利益。〔註188〕顯然，這樣由高校自主決定優待政策的做法，既照顧了特殊考生並協調了他們與一般考生的利益關係，又保證了高校的自主招生權。這樣的思路似乎更加合理，也更有說服力。

二、自主規定

除了中央政府規定的優待政策，民國各高校內部也有一些優待特殊學校或人員的規定和做法。

1. 優待「承認學校」學生

所謂承認學校，也稱認可學校或關係學校，是指被高校認可或承認的某

〔註188〕程星：《細讀美國大學》（增訂本），北京：商務印書館，2006年7月第2版，第23～25頁。

些教學質量較高的學校，高校通常會給予其畢業生免試某些科目或全部科目等優待。

　　民國時期，有些高校對於某些辦學成績比較好的中等學校或高等學校，往往會視其畢業生為比較優秀的招生生源，並給予一定的優惠待遇，如保送考試入學，或保送免試入學，這些學校就被稱為「承認學校」。這種做法在當時的教會高校比較盛行。以教會開辦的燕京大學為例，燕大開辦初期，由於徵收的學費較高，且對教會子弟有優待政策，因而入學新生以教徒和富家子弟成份居多，而隨著中國政治經濟形勢的惡化，人民生活水平普遍下降，燕大為保持本校學生質量，就廢除了原來由教會保送新生的辦法，而代之以從「承認學校」招生並結合在京、津、滬、廣州等地統一試題招考新生的辦法。其所謂「承認學校」招生辦法，即選定一部份各地具有相當水平的中等學校，由各校選送各自的優等生，經燕大認定後，可以少考或免考某些課目，而各地的統考，則不考慮宗教、出身等條件，而是擇優錄取。這樣，經過招生制度的改革，燕京大學原來的專門優待教會子弟的做法就被廢除，取而代之的則是優待「承認學校」選送學生的制度。1923 年 1 月 26 日，燕京大學專門審議並通過將前北京匯文大學、華北協和大學、華北女子大學列為本校「承認學校」的議案，規定這幾所「承認學校」的學生可以免試入學深造，學生只需修滿四年級的學分，即可得學士學位。〔註 189〕

　　再以聖約翰大學為例，從 1918 年 9 月起，聖約翰大學學校與若干教會與非教會中學建立了保送優待制度，規定「凡教會中學及程度較好之中學，皆認為有關係學校」，其畢業生無需參加入學考試，即可直接升入聖約翰大學一年級讀書。〔註 190〕由於美國聖公會在中國經營了一個從幼稚園到大學的龐大教會教育體系，聖約翰大學在該體系中居於核心地位，而且聖約翰本身就是一個包括多所附屬與相關學校的教會教育子系統。除聖約翰附屬中學、聖瑪利亞女校、聖約翰青年會中小學等附屬學校外，聖約翰還與多所教會與非教會名校如揚州美漢中學、安慶聖保羅中學、蘇州桃塢中學、寧波斐迪中學、

〔註 189〕張瑋瑛等、燕京大學校友校史編寫委員會：《燕京大學史稿》，北京：人民中國出版社，2000 版，第 27，1168 頁。

〔註 190〕徐以驊：《上海聖約翰大學（1879～1952）》，上海：上海人民出版社，2009版，第 27～28 頁。

泉州培元中學和上海民立中學等「經認可的學校」（accredited schools）建有保送制度，在華東地區形成了「聖約翰教育圈」。聖約翰附屬中學、聖瑪利亞女校、聖約翰青年會中小學處於聖約翰教育圈的內圈。1936 年聖約翰始招女生，聖瑪利亞女生成爲新政策的主要受益者。位於聖約翰教育圈外圍的是上述六所可保送學生不經考試直入聖約翰的中學。此六所學校均成立較早，且爲當地名校。〔註191〕

　　同樣，嶺南大學也有類似的招生優待制度。由於當時各中學教學水平差異導致中學畢業生質量參差不齊，所以嶺大規定除眞光、培正、華英、廣益、培道、汕頭和嶺南中學等校畢業生可免試入學外，其他具備中學畢業程度的學生（不限制生源地域）都必須通過入學考試。〔註 192〕可見，眞光與培正等七所中學就是嶺南大學的「承認學校」，其畢業生可以直接保送進入嶺南大學學習。

　　顯然，類似這樣優待「承認學校」學生的做法，只是民國部份高校的內部自主規定，而且大多是源自教會高校的慣例做法，並不是全國統一的制度。

2. 其他優待措施

　　有的民國高校對於提供經費資助的單位或個人也有可能給予一定的優待政策。例如，由於陝西督軍陳樹藩將海淀勺園基地永遠租給燕京大學（陳愼思堂、地基 380 畝），還將購地款的三分之一即兩萬元捐助爲燕大經費，因此，燕京大學爲了回報捐贈者，於是將園主聘爲永久董事，還給陝西省籍考生每年學額十名的優惠待遇。〔註 193〕

　　民國時期，嶺南大學也有類似對捐助者子弟實行一定優待的做法。例如，按照嶺南大學早期的慣例，捐助者只要捐出 1000 元，就可以提名 1 個學生，並給予免交 10 年學費的優待，當然，被提名的學生必須達到學校的學術和品行要求。又如，爲了在華僑中多募捐校款，1918 年，嶺南大學專門爲華僑子弟開設了一個特招班，以幫助他們適應入學考試的需要。後來，這個班改爲華僑學校，專門招收華僑子弟。〔註 194〕

〔註191〕徐以驊：《上海聖約翰大學（1879～1952）》，上海：上海人民出版社，2009版，第 102～105 頁。

〔註192〕陳國欽、袁徵：《瞬逝的輝煌——嶺南大學六十四年》，廣州：廣東人民出版社，2008 年版，第 51 頁。

〔註193〕張瑋瑛等、燕京大學校友校史編寫委員會：《燕京大學史稿》，北京：人民中國出版社，1999 年 12 月第 1 版，第 27，第 1165 頁。

〔註194〕李瑞明：《嶺南大學簡史》，出版地不詳，嶺南（大學）籌募發展委員會出版，1997 年第 1 版，第 36，52～53 頁。

　　實際上，由於民國時期的高校沒有受到政府的直接干預和控制，各校幾乎可以制定任何適合本校培養與發展目標的招生優待政策，考生只要符合相關的條件，便可以報考並完全有可能因為享受學校自主的優待政策而被錄取，從而獲得接受高等教育的學習機會。

結　語

綜合本文對於民國高校招生制度的研究，可以得出以下幾個方面的基本結論：

一、制度內容

民國高等學校招生制度是一個制度群，其基本內容包括政府的招生管理制度、高校招生的組織人事制度、高校的招考錄取制度與學生的報考入學制度等四個方面的「大制度」，每一個「大制度」裏面又包含若干項「小制度」，每一項「小制度」裏面又可能包含若干具體的規則。當然，每一項制度和規則都有各自的起源、發展和演變的歷史。因此，民國時期的高校招生制度既有豐富的制度內容，又有複雜的變化歷程。

由此可見，民國高校招生制度除了以往人們所熟知的「破格錄取」制度之外，還有許多其他豐富多彩的制度內容，當然，也不僅僅是以往學界所稱籠統和簡單的「自主招生制度」，而是包括多項重要和具體的招生與入學考試制度及有關的管理制度。

二、基本特徵

從總的情況來看，在民國高校招生活動中，圍繞著高等學校教育學習資格的給予與獲取，高校、學生與政府等有關各方經過長期的互動和博弈，逐漸形成了比較公平合理且相對穩定的招考錄取程序、非常靈活的招生與入學規則、比較寬鬆的政府監管和計劃調控制度，以及比較民主和高效的組織人事制度，整個高校招生制度體現出民主、科學、公平與理性的特徵。

因此，民國高校招生制度不僅具有「單獨」與「聯合」、「統一」或「多元」、「計劃」與「統制」等表面特徵，還有比較自主、民主、科學、公平、理性、法治、靈活與高效等重要的本質特徵。

三、關鍵轉折

究其原因，在民主、科學與法治的時代潮流中，由於民初政府一般很少直接干預、參與和控制高校的招生活動，同時，由於各方勢力比較均衡，在高校自主招生、學生自由選擇與政府依法監管調控的良性互動中，在蔡元培等教育家及社會各界的努力下，民國高校不僅巧妙地避免了傳統「官主」招考體制的負面影響，還逐漸開闢了民主與自主招考的新局面，從而使高校招生實現了由「官主」到「民主」與「自主」的歷史性轉變；與此同時，民國高校還採用合議制與分任制相結合的議事決策和行政制度，最終建立了民主與效能兼備的高校招生組織人事制度，不僅基本實現了教授治校原則指導下的「自主」招生，還通過民主的議事決策和高效的行政制度，使自主招生變得更加民主、高效與科學合理化，從而進一步實現了從「人治」到「法治」的轉變；雖然後來這種比較合理的招生制度受到黨化教育與計劃統制思潮的影響，但已經建立的民主和法治還是基本上能夠盡力消減「黨化教育」和計劃統制制度對民國高校自主招生制度的某些負面影響。

可見，以往人們將民國高校招生制度的演變劃分爲單獨自主招考、聯合招考與統一招考等階段的做法當然有一定的可取之處，但是，如果只是以整個招生活動中的某一個環節來劃分的，顯然過於簡單，這樣的劃分根本不能從本質上反映民國高校招生制度的整體演變軌跡，因此，不能僅僅以表面的招考方式來劃分階段，應當根據其本質特徵來劃分演變階段，即劃分爲傳統的「官主」與「人治」階段和現代的「民主」與「法治」兩大階段是比較合適的，其主要分界線就是蔡元培於 1917 年開始主導的北京大學招生制度改革。

四、變化原因

由於民國各個時期的中央政府一般很少直接干預、參與和控制高校內部的招生事務，由官僚主導高校招生及實行高度集權統一計劃統制的時間也較短，特別是政府沒有直接控制各高校的招生組織與人事安排，因而各高校在多數時期都可以比較自主地招考錄取新生，廣大民國學子在報考時相當自

由，入學機會也較多；同時，由於除制定有關招生制度及進行宏觀調控外，政府一般沒有直接介入高校內部的招生事務，在高校自主招生、學生自由選擇與政府依法監管調控的良性互動中，逐漸形成了上述各項比較合理的招生制度。在整個制度的形成和演變過程中，民主、科學、自由、平等、法治等新思潮的影響及蔡元培在北京大學的改革起了非常關鍵的作用，此外，「黨化教育」、計劃與統制思潮、學生運動、抗日戰爭等因素及蔣介石、陳果夫、陳立夫、戴季陶與朱家驊等重要人物對某些制度的變化也起了相當重要的作用。這些因素大多被以往研究所忽視。

五、歷史評價

從總的情況來看，在比較民主與自主、比較靈活、高效、公平與合理的招生制度下，民國時期的高等學校可以比較自主地招考錄取新生，廣大學子報考入學的機會也相當多，高校與學生積極互動，逐步實現了「招所願招」、「教所願教」與「學所願學」的較高境界。這種制度在一定程度上參與改寫了中國現代歷史，其理性精神和合理做法也值得學習和借鑒。

而在現有的研究論著中，論者大多局限於籠統的「自主招生」或表面的「破格錄取」制度可以招收某些優秀人才的優點，而對民國高校招生制度的其他優點和理性精神及歷史效應的認識則明顯不足，因此，學界有必要對民國高校招生制度進行重新認識和評價。

總之，民國高校招生制度是西方新式高等學校教育傳入中國後逐漸形成的現代高校招生制度體系，具有比較公平和理性等特徵，其豐富的內容與實踐，是民國時期留給後人的一筆寶貴遺產，其理性精神和合理做法值得學習和借鑒。後人應當從民國高校招生制度的歷史變遷中吸取有益的經驗和教訓。

1934 年，在當時的自主招生制度下，任繼愈考入北京大學哲學系，他後來成為知名學者，並曾任中國國家圖書館館長。面對高度集權的計劃統制招生制度及近年來的高考改革，任繼愈曾發表過溫和的批評和中肯的建議。這裡不妨重溫一下這位前國家圖書館館長的話，他說：

> 每年招考，報名生多以萬計，遍佈全國各省、市、自治區。近來給北京、上海等少數大城市以獨立自主招生權。即使這樣，還是管轄的地區太寬，報考的學生幾十萬，還是照顧不過來。「一考定終

身」，對考生來說是背水一戰，務求必勝。精神壓力太大，對健康有害。弄虛作假的年年發生，屢禁屢犯。

「四人幫」打倒以後，入學招生比從前鬆動了一些，但多年習慣積重難返，一直由國家統一來操辦。這一辦法已落後於國家發展的形勢。

我們不妨回顧舊社會的大學招生，各高校自己招自己的新生，國家省了心，省了錢。各校為了自身的利益會盡力去辦好。考試日期錯開，從6月到8月，各校自己選定。各校最清楚自己的學校在教育界的分量和地位，招生日期不必過份提前，時間錯開，拉開報考的時間距離，給學生有更多選擇學校的機會，學生有許多次應試的機會。甲校未成還有乙校，乙校未考上還有丙校⋯⋯而不必一考定終身。我猜想，這個招生辦法學生會歡迎的，只是多花點報名費，多費幾張半身照片。作為學生家長，為了子女教育，升上滿意的大學，他們不會計較這些的。有聲望的歷史長久的學校，有自己的校風、學風，招生考試題目也有自己的特色。青年學生的天賦各有偏長，天賦相近的學生報考和他愛好相近的學校，各校分別招生，各得其所，國家省事，學生得益，家長省心。這種無為而治的好事，何樂而不為？〔註1〕

如今離任先生發表意見時又過去了多年，現在的高考制度仍在繼續，相關改革正在試點，情況可能要比以往任何時候都更加複雜，現行的高考制度及相關改革能否應對未來的挑戰，仍然需要人們繼續深入思考，歷史的經驗和教訓仍然值得引起人們的注意。

〔註 1〕 任繼愈：《沙灘紅樓老北大雜憶（之一）——招考新生》，任繼愈：《皓首學術隨筆·任繼愈卷》，北京：中華書局，2006年10月第1版，第233頁。

參考文獻

一、報紙和期刊

1. 《申報》
2. 《晨報》
3. 《民國日報》（廣州、上海）
4. 天津《大公報》
5. 《京報》
6. 《政府公報》
7. 《教育公報》
8. 《教育通訊》
9. 《中央日報》
10. 《教育部公報》
11. 《新教育評論》
12. 《教育雜誌》
13. 《東方雜誌》
14. 《中華教育界》
15. 《大上海教育》
16. 《法令週刊》
17. 《中央周報》
18. 《北平特別市市政公報》
19. 《政治成績統計》
20. 《教育通訊旬刊》

21.《獨立評論》

22.《教育與職業》

23.《廣東省政府公報》

24.《廣東教育廳旬報》

25.《江西省政府公報》

26.《河南教育》

27.《北京大學日刊》

28.《北京大學週刊》

29.《國立京師大學文科週刊》

30.《清華校友通訊》

31.《西南聯大北京校友會簡訊》

32.《清華週刊》

33.《學生雜誌》

34.《中華法學雜誌》

35.《國立上海商學院院務月刊》

二、年鑒、檔案與資料彙編

1. 教育部:《第一次中國教育年鑒》,上海:開明書店,1934 年版。

2. 教育部教育年鑒編撰委員會:《第二次中國教育年鑒》,上海:商務印書館,1948 年版。

3. 中國第二歷史檔案館:《中華民國史檔案資料彙編(1912～1949)》(1～5 輯),南京:江蘇古籍出版社,1991～2000 年版。

4. 沈雲龍:《近代中國史料叢刊》(正編、續編、三編),臺北:文海出版社,1915～2003 年版。

5. 國史館:《國史館現藏民國人物傳記史料彙編》(1～32 輯),臺北:國史館,1988～2000 年版。

6. 中國國民黨中央執行委員會訓練委員會:《中國國民黨歷次重要會議宣言及重要決議案彙編》第二冊,出版地不詳,1941 年版。

7. 黃季陸、羅家倫等:《革命文獻》,臺北:中國國民黨中央委員會黨史史料編纂委員會,1971～1986 年版。

8. 彭明、金德群:《中國現代史資料選輯(1919～1945)》,北京:中國人民大學出版社,1987～1989 年版。

9. 羅家倫:《中華民國史料叢編》,臺北:中國國民黨黨史委員會,1983 年版。

10. 中國科學院近代史研究所中華民國組：《中華民國史資料叢稿》，北京：中華書局，1976 年版。

11. 朱匯森：《中華民國史實紀要》，臺北：國史館，1985～1996 年版。

12. 中國近代經濟史叢書編委會：《中國近代經濟史研究資料》（共八冊），上海：上海社會科學院出版社，1984～1989 年版。

13. 陳學恂：《中國近代教育史教學參考資料》，北京：人民教育出版社，1987年版。

14. 李桂林：《中國現代教育史教學參考資料》，北京：人民教育出版社，1987年版。

15. 中華文化復興運動推行委員會：《中國近代現代史論集》（第二十五編：建國十年），臺北：臺灣商務印書館，1986 年版。

16. 舒新城：《中國近代教育史資料》，北京：人民教育出版社，1961 年版。

17. 榮孟源：《中國國民黨歷次代表大會及中央全會資料》，北京：光明日報出版社，1985 年版。

18. 潘懋元、劉海峰：《中國近代教育史資料彙編·高等教育》，上海：上海教育出版社，2007 年版。

19. 璩鑫圭、唐良炎：《中國近代教育史資料彙編·學制演變》，上海：上海教育出版社，1991 年版。

20. 丁致聘：《中國近七十年來教育記事》，南京：國立編譯館，1935 年版。

21. 陳學恂：《中國近代教育大事記》，上海：上海教育出版社，1981 年版。

22. 郭廷以：《中華民國史事日誌》第三冊，臺北：中央研究院近代史研究所，1984 年版。

23. 李楚材《帝國主義侵華教育史資料——教會教育》，北京：教育科學出版社，1987 年版。

24. 鄧菊英、高瑩：《北京近代教育行政史料》，北京：北京教育出版社，1995年版。

25. 朱有瓛等：《中國近代教育史資料彙編：教育行政機構及教育團體》，上海：上海教育出版社，1993 年版。

26. 朱有瓛：《中國近代學制史料》第三輯（上、下冊），上海：華東師範大學出版社，1990 年版。

27. 李桂林等：《中國近代教育史資料彙編·普通教育》，上海：上海教育出版社，1995 年版。

28. 〔日〕多賀秋五郎：《近代中國教育史資料·民國編》（中冊），臺北：文海出版社，1976 年版。

29. 楊學爲、朱仇美等：《中國考試制度史資料選編》，合肥：黃山書社，1992 年版。

30. 教育部：《現行重要教育法令彙編》，南京：國民政府教育部印行，1930 年版。

31. 教育部參事室：《教育法令》，上海：中華書局，1947 年版。

32. 教育部：《教育法令彙編》第一輯，上海：商務印書館，1936 年版。

33. 教育部參事處：《教育法令彙編》（第四、五、六輯），出版地不詳，正中書局，1940～1941 年版。

34. 商務印書館編譯所：《中華民國教育新法令》（第 1～6 冊），上海：商務印書館，1912～1914 年版。

35. 教育部：《師範教育法令彙編》，上海：商務印書館，1935 年版。

36. 教育部法規委員會：《教育法規彙編》（增訂本）（二），臺北：正中書局，1981 年版。

37. 宋恩榮、章咸《中華民國教育法規選編》，南京：江蘇教育出版社，2005 版。

38. 全國政協文史資料委員會：《文史資料存稿選編》精選，《昔年文教追憶》，北京：中國文史出版社，2006 年版。

39. 中國人民政治協商會議全國委員會文史資料研究委員會：《文史資料選輯》第 31 輯，中華書局，1962 年版。

40. 中國人民政治協商會議全國委員會文史資料研究委員會：《文史資料選輯》第 71 輯，北京：中華書局，1980 年版。

41. 中國人民政治協商會議北京市委員會文史資料委員會：《文史資料選編》第 4 輯，北京：北京出版社，1979 年版。

42. 中國社會科學院近代史研究所近代史資料編輯組：《近代史資料》總 69 號，北京：中國社會科學出版社，1988 年版。

43. 雲南省政協文史資料研究委員會、西南聯合大學北京、昆明校友會、雲南師範大學等：《雲南文史資料選輯》第 34 輯（西南聯合大學建校五十週年紀念專輯），昆明：雲南人民出版社，1988 年版。

44. 《黨史資料》叢刊 1980 年第 3 輯（總第 4 輯），上海：上海人民出版社，1980 年版。

45. 山東省地方史志編纂委員會：《山東史志資料》1983 年第 3 輯（總第 5 輯），濟南：山東人民出版社，1983 年版。

46. 浙江省檔案館：《浙江革命歷史檔案選編·抗日戰爭時期（上）》，杭州：浙江人民出版社，1987 年版。

三、文件、報告及高校史料

1. 陳立夫:《教育部二十七年度國立各院校統一招生委員會報告》,中國第二歷史檔案館,五宗 5836 卷,出版地不詳,1939 年版。

2. 陳立夫:《全國高等教育統計》,出版地和出版社不詳,1939 年版。

3. 中華民國大學院:《全國教育會議報告》乙編,出版時間、地點和出版社均不詳。

4. 國聯教育考察團:《中國教育之改進》,南京:國立編譯館,1932 年版。

5. 王學珍等:《北京大學紀事:1898~1997》,北京:北京大學出版社,2008 年版。

6. 國立西南聯合大學史料編委會:《國立西南聯合大學史料》,昆明:雲南教育出版社,1998 年版。

7. 王學珍、郭建榮:《北京大學史料(1898~1911)》,北京:北京大學出版社,1993 年版。

8. 王學珍、郭建榮:《北京大學史料(1912~1937)》,北京:北京大學出版社,2000 年版。

9. 黃忠實、鄭文貞:《廈門大學校史資料》(第一輯),廈門:廈門大學出版社,1987 年版。

10. 黃忠實、鄭文貞:《廈門大學校史資料》(第二輯),廈門:廈門大學出版社,1988 年版。

11. 王文俊等:《南開大學校史資料選》,天津:南開大學出版社,1989 年版。

12. 本書編輯組:《南大百年實錄‧中央大學史料選(上卷)》,南京:南京大學出版社,2002 年版。

13. 四川大學校史編寫組:《四川大學史稿》,成都:四川大學出版社,1985 年版。

14. 南京大學校慶辦公室校史資料編輯組、學報編輯部:《南京大學校史資料選輯》,南京:南京大學出版社,1982 年版。

15. 清華大學校史編寫組:《清華大學史稿》,北京:中華書局,1981 年版。

16. 張瑋瑛等、燕京大學校友校史編寫委員會:《燕京大學史稿》,北京:人民中國出版社,1999 年版。

17. 黃美眞等:《上海大學史料》,上海:復旦大學出版社,1984 年版。

18. 陳明章:《學府紀聞:國立西南聯合大學》,臺北:南京出版有限公司,1981 年版。

19. 南京大學高教研究所校史編寫組:《金陵大學史料》,南京:南京大學出版社,1989 年版。

20. 北京大學:《國立北京大學一覽》,北京:國立北京大學出版,1935 年版。

21. 清華大學：《國立清華大學一覽》，北京：清華大學，1930 年版。

22. 清華大學：《國立清華大學一覽》（1932～1933 學年度），北京：清華大學，1932 年版。

23. 嶺南大學：《私立嶺南大學一覽》，廣州：私立嶺南大學印行，1932 年 3 月版。

24. 金陵大學秘書處：《私立金陵大學一覽》，出版地：南京金陵大學，1933 年版。

25. 廈門大學：《廈門大學一覽》（1931 至 1932 年度），廈門：廈門大學印刷所印，1931 年版。

26. 山西省立工業專科學校：《山西省立工業專科學校一覽》，太原：山西省立工業專科學校，1933 年版。

27. 東北大學：《東北大學一覽》，瀋陽：東北大學，1926 年版。

28. 燕京大學：《北平私立燕京大學一覽》（1936～1937 年度），北京：燕京大學，1936 年版。

29. 大夏大學：《大夏大學一覽》，出版地不詳，1928 年版。

30. 滬江大學：《私立滬江大學一覽》（1935～1936），上海：滬江大學，1935 年版。

四、文集、書信及日記

1. 中國蔡元培研究會：《蔡元培全集》，杭州：浙江教育出版社，1997～1998 年版。

2. 胡適：《胡適文集》，歐陽哲生，北京：北京大學出版社，1998 年版。

3. 蔡元培：《蔡孑民先生言行錄》，濟南：山東人民出版社，1998 年版。

4. 竺可楨：《竺可楨全集》，上海：上海科技教育出版社，2004 年版。

5. 馮友蘭：《三松堂全集》第一卷，鄭州：河南人民出版社，2001 年版。

6. 馬寅初：《馬寅初全集》第二卷，杭州：浙江人民出版社，1999 年版。

7. 傅斯年：《傅斯年全集》，歐陽哲生主編，長沙：：湖南教育出版社，2003 年版。

8. 潘乃穆、潘乃和：《潘光旦文集》，北京：北京大學出版社，2000 年版。

9. 陶行知：《陶行知全集》，長沙：湖南教育出版社，1985 年版。

10. 王世杰：《王世杰日記》（手稿本），臺北：中央研究院近代史研究所，1990 年版。

11. 陳果夫：《陳果夫先生全集》，臺北：近代中國出版社，1991 年版。

12. 蘇雙碧：《吳晗自傳書信文集》，北京：中國人事出版社，1993 年版。

13. 北京市歷史學會：《吳晗紀念文集》，北京：北京出版社，1984 年版。

14. 吳泰昌：《楊晦選集》，上海：上海文藝出版社，1987 年版。

15. 張玲霞：《藤影荷聲：清華校刊文選（1911～1949）》，北京：清華大學出版社，2001 年版。

16. 中國社會科學近代史研究所中華民國史研究室：《胡適來往書信選》（下），北京：中華書局，1983 年版。

17. 竺可楨：《竺可楨日記》第一冊（1936～1942），北京：人民出版社，1984 年版。

18. 薩本棟：《薩本棟文集》，許喬蓁等編.廈門：廈門大學出版社，1995 年版。

19. 許紀霖等：《杜亞泉文存》，上海：上海教育出版社，2003 年版。

20. 邵元沖：《邵元沖日記》，王仰清等標注，上海：上海人民出版社，1990 年版。

五、回憶錄及傳記

1. 中國蔡元培研究會：《蔡元培紀念集》，杭州：浙江教育出版社，1998 年版。

2. 蔡建國：《蔡元培先生紀念集》，北京：中華書局，1984 年版。

3. 蔡元培：《蔡孑民先生言行錄》，濟南：山東人民出版社，1998 年版。

4. 中國社會科學院近代史研究室：《五四運動回憶錄（續）》，北京：中國社會科學出版社，1979 年版。

5. 顧維鈞：《顧維鈞回憶錄》，中國社會科學院近代史研究所譯，北京：中華書局，1983 年版。

6. 顏惠慶：《顏惠慶自傳》，臺北：傳記文學出版社，1982 年版。

7. 胡適：《丁文江的傳記》，合肥：安徽教育出版社，1999 年版。

8. 雷啟立：《丁文江印象》，上海：學林出版社，1997 年版。

9. 蔡元培：《蔡元培自述》，臺灣：傳記文學出版社，1978 年版。

10. 胡頌平：《朱家驊先生年譜》，臺灣：傳記文學出版社，1969 年版。

11. 高平叔：《蔡元培年譜》，北京：中華書局，1980 年版。

12. 高平叔：《蔡元培年譜長編》，北京：人民教育出版社，1999 年版。

13. 蔡仲德：《馮友蘭先生年譜初編》，《三松堂全集附錄》，鄭州：河南人民出版社，1994 年版。

14. 周永祥：《瞿秋白年譜》，廣州：廣東人民出版社，1983 年版。

15. 瞿秋白：《瞿秋白自傳》，南京：江蘇文藝出版社，1996 年版。

16. 蔣廷黻：《蔣廷黻回憶錄》，臺北：傳記文學出版社，1979 年版。

17. 蕭夏林:《爲了忘卻的紀念:北大校長蔡元培》,北京:經濟日報出版社,1998 年版。

18. 周作人:《知堂回想錄》,臺北:龍文出版社股份有限公司,1989 年版。

19. 李學通:《翁文灝:書生從政》,蘭州:蘭州大學出版社,1996 年版。

20. 張彬:《倡言求是·培育英才:浙江大學校長竺可楨》,濟南:山東教育出版社,2004 年版。

21. 冒榮:《至平至善·鴻聲東南:東南大學校長郭秉文》,濟南:山東教育出版社,2004 年版。

22. 梁吉生:《允公允能·日新月異:南開大學校長張伯苓》,濟南:山東教育出版社,2004 年版。

23. 陳立夫:《成敗之鑒:陳立夫回憶錄》,臺北:正中書局,1994 年版。

24. 陳立夫:《我的創造、倡建與服務》,臺北:東大圖書公司,1989 年版。

25. 陳誠:《陳誠先生回憶錄:抗日戰爭》,臺北:國史館,2003 年版。

26. 張學繼、張雅蕙:《陳立夫大傳》,北京:團結出版社,2004 年版。

27. 楊者聖:《國民黨教父陳果夫》,成都:四川人民出版社,1996 年版。

28. 王學慶:《蔣介石和陳立夫、陳果夫》,長春:吉林文史出版社,1994 年版。

29. 范小方:《國民黨兄弟教父——陳果夫與陳立夫》,武漢:湖北人民出版社,2005 年版。

30. 張珊珍:《陳立夫生平與思想評傳》,北京:中共中央黨校出版社,2006 年版。

31. 胡有瑞:《新時代的領航者——陳果夫傳》,臺北:近代中國出版社,1991 年版。

32. 楊仲揆:《中國現代化先驅——朱家驊傳》,臺北:近代中國出版社,1984 年版。

33. 吳相湘:《陳果夫的一生(附:陳果夫回憶錄)》,臺北:傳記文學出版社,1971 年版。

34. 楊振寧:《曙光集》,北京:三聯書店,2008 年版。

35. 潘乃穆等:《中和位育:潘光旦百年誕辰紀念》,北京:中國人民大學出版社,1999 年版。

36. 浙江大學校友總會電教新聞中心:《竺可楨誕辰百週年紀念文集》,杭州:浙江大學出版社,1990 年版。

37. 劉俐娜:《顧頡剛自述》,鄭州:河南人民出版社,2005 年版。

38. 梁實秋:《梁實秋自傳》,南京:江蘇文藝出版社,1996 年版。

39. 高增德等:《世紀學人自述》,北京:北京十月文藝出版社,2000 年版。

40. 茅盾：《我的學生時代》，天津：新蕾出版社，1982年版。

41. 金韻琴：《茅盾談話錄——在茅盾家作客的回憶》，上海書店出版社，1993年版。

42. 梁實秋：《梁實秋自傳》，南京：江蘇文藝出版社，1996年版。

43. 周一良：《畢竟是書生》，北京：北京十月文藝出版社，1998年版。

44. 王永太：《鳳鳴華岡——張其昀傳》，杭州：浙江人民出版社，2006年版。

45. 王豪傑：《南強記憶：老廈大的故事》，廈門大學出版社，2009年版。

46. 劉培育：《金岳霖的回憶與回憶金岳霖》，成都：四川教育出版社，1995年版。

47. 何茲全等：《一位誠實愛國的山東學者——何思源先生誕辰一百週年紀念集》，北京：北京出版社，1996年版。

48. 金安平：《合肥四姊妹》，凌雲嵐等譯，北京：生活·讀書·新知三聯書店，2007年版。

49. 蘇雙碧、王宏志《吳晗傳》，北京：北京出版社，1984年版。

50. 羅爾綱：《師門五年記·胡適瑣記》（增補本），北京：三聯書店，1998年版。

51. 張中行：《負暄瑣話》，哈爾濱：黑龍江人民出版社，1986年版。

52. 齊全勝：《復旦逸事》，瀋陽：遼海出版社，1998年版。

53. 王淑芳等：《北師大逸事》（上），瀋陽：遼海出版社，2009年版。

54. 臧克家：《詩與生活·回憶錄》，成都：四川人民出版社，1981年版。

55. 莊華峰：《吳承仕研究資料集》，合肥：黃山書社，1990年版。

56. 左森：《回憶北洋大學》，天津：天津大學出版社，1989年版。

六、專著

1. 袁徵：《孔子·蔡元培·西南聯大——中國教育的發展和轉折》，北京：人民日報出版社，2007年版。

2. 袁徵：《中國教育問題的哲學思考》，深圳：海天出版社，2009年版。

3. 陳國欽、袁徵：《瞬逝的輝煌——嶺南大學六十四年》，廣州：廣東人民出版社，2008年版。

4. 謝青、湯德用：《中國考試制度史》，合肥：黃山書社，1995年版。

5. 張斌賢：《現代國家教育管理體制》，上海：上海教育出版社，1996年版。

6. 孫中山：《建國方略》，牧之等選注，瀋陽：遼寧人民出版社，1994年版。

7. 徐以驊、上海聖約翰大學校史編輯委員會：《上海聖約翰大學（1879～1952)》，上海：上海人民出版社，2009年版。

8. 北洋大學、天津大學校史編輯室《北洋大學：天津大學校史（第一卷）》，天津：天津大學出版社，1990 年版。

9. 洪永宏：《廈門大學校史：1921～1949 第 1 卷》，廈門：廈門大學出版社，1990 年版。

10. 張克非：《蘭州大學校史·上編》，蘭州：蘭州大學出版社，2009 年版。

11. 熊月之等：《聖約翰大學史》，上海：上海人民出版社，2007 年版。

12. 李瑞明：《嶺南大學簡史》，出版地不詳，嶺南（大學）籌募發展委員會出版，1997 年版。

13. 謝必震：《香飄魏歧村──福建協和大學》，石家莊：河北教育出版社，2005 年版。

14. 王國平：《博習天賜莊──東吳大學》，石家莊：河北教育出版社，2003 年版。

15. 張安明、劉祖芬：《江漢曇華林──華中大學》，石家莊：河北教育出版社，2003 年版。

16. 吳定宇：《中山大學校史（1924～2004）》，廣州：中山大學出版社，2006 年版。

17. 楊佩禎等：《東北大學八十年》，瀋陽：東北大學出版社，2003 年版。

18. 蕭超然等：《北京大學校史（1898～1949）》（增訂本），北京：北京大學出版社，1988 年版。

19. 程星：《細讀美國大學》（增訂本），北京：商務印書館，2006 年 7 月第 2 版。

20. 王淑芳等：《北師大逸事》（上），瀋陽：遼海出版社，2009 年版。

21. 齊全勝：《復旦逸事》，瀋陽：遼海出版社，1998 年版。

22. 董守義、袁閭琨：《日本與中國近代教育》，大連：遼寧教育出版社，1993 年版。

23. 張中行：《負喧瑣話》，哈爾濱：黑龍江人民出版社，1986 年版。

24. 任繼愈：《皓首學術隨筆·任繼愈卷》，北京：中華書局，2006 年版。

25. 任繼愈：《天人之際》，上海：上海文藝出版社，1998 年版。

26. 劉隱霞等編《鄧廣銘學術文化隨筆》，北京：中國青年出版社，1998 年版。

27. 周南京：《華僑華人百科全書》教育科技卷，北京：中國華僑出版社，1999 年版。

28. 張忱石：《學林漫錄》四集，北京：中華書局，1981 年版。

29. 蔣長好、李廣宇：《名人談讀書》，北京：經濟日報出版社，1997 年版。

30. 張者：《文化自白書》，北京：北京廣播學院出版社，2004 年版。

31. 于欽波、楊曉：《中外大學入學考試制度比較與中國高考制度改革》，成都：四川教育出版社，2000 年版。

32. 劉海峰等：《中國考試發展史》，武漢：華中師範大學出版社，2002 年版。

33. 張亞群：《科舉革廢與近代中國高等教育的轉型》，武漢：華中師範大學出版社，2005 年版。

34. 康乃美、蔡熾昌：《中外考試制度比較研究》，武漢：華中師範大學出版社，2002 年版。

35. 吳家瑩：《中華民國教育政策發展史》，臺北：臺灣五南圖書發行公司，1980 年版。

36. 夏承楓：《現代教育行政》，上海：中華書局，1932 年版。

37. 常導之：《增訂教育行政大綱》，上海：上海中華書局，1935 年版。

38. 邰爽秋：《歷屆教育會議議決案彙編》，上海：教育編譯館，1935 年版。

39. 張憲文：《中華民國史》，南京：南京大學出版社，2005 年版。

40. 宗志文、朱信泉：《民國人物傳》，北京：中華書局，1981 年版。

41. 陳景磐：《中國近代教育史》，北京：人民教育出版社，1979 年版。

42. 史全生：《中華民國經濟史》，南京：江蘇人民出版社，1989 年版。

43. 孫培青：《中國教育史》，上海：華東師範大學出版社，2000 年版。

44. 熊明安：《中華民國教育史》，重慶：重慶出版社，1997 年版。

45. 李華興：《民國教育史》，上海：上海教育出版社，1997 年版。

46. 沈福偉：《西方文化與中國：1793～2000》，上海：上海教育出版社，2003 年版。

47. 盧茨：《中國教會大學史（1850～1950）》，曾鉅生譯，杭州：浙江教育出版社，1987 年版。

48. 栗洪武：《西學東漸與中國近代教育思潮》，北京：高等教育出版社，2002 年版。

49. 謝長法：《借鑒與融合：留美學生抗戰前教育活動研究》，石家莊：河北教育出版社，2001 年版。

50. 毛禮銳、沈灌群：《中國教育通史》第四卷，濟南：山東教育出版社，1988 年版。

51. 秦孝儀：《抗戰前國家建設史料——首都建設（一）》，臺北：中央文物供應社，1982 年版。

52. 蘇雲峰：《中國新教育的萌芽與成長（1860～1928）》，北京：北京大學出版社，2007 年版。

53. 蘇雲峰：《從清華學堂到清華大學.1911～1929：近代中國高等教育研究》，北京：三聯書店，2001 年版。

54. 蘇雲峰：《從清華學堂到清華大學.1928～1937：近代中國高等教育研究》，北京：三聯書店，2001 年版。

55. 周川、黃旭：《百年之功——中國近代大學校長的教育家精神》，福州：福建教育出版社，1994 年版。

56. 〔加拿大〕許美德：《中國大學（1895～1995）——一個文化衝突的世紀》，許傑英譯，北京：教育科學出版社，2000 年版。

57. 何兆武：《上學記》，北京：三聯書店，2009 年版。

58. 楊東平：《艱難的日出——中國現代教育的 20 世紀》，上海：文匯出版社，2003 年版。

59. 劉少雪：《中國大學教育史》，太原：山西教育出版社，2007 年版。

60. 楊學爲等：《考試社會學問題研究》，武漢：華中師範大學出版社，2003 年版。

61. 呂達：《中國近代課程史論》，北京：人民教育出版社，1994 年版。

62. 王奇生：《革命與反革命：社會文化視野下的民國政治》，北京：社會科學文獻出版社，2010 年版。

63. 〔日〕大冢豐：《現代中國高等教育的形成》，黃福濤譯，北京：北京師範大學出版社，1998 年版。

64. 〔美〕諾斯：《制度、制度變遷與經濟績效》，劉守英譯，上海：三聯書店、上海人民出版社，1994 年版。

65. 北京大學中國經濟研究中心：《經濟學與中國改革》，上海：上海人民出版社，1995 年版。

66. 〔美〕諾思：《經濟史中的結構與變遷》，陳郁等譯，上海：三聯書店、上海人民出版社，1994 年版。

67. 〔美〕亨利·M·羅伯特：《議事規則》，王宏昌譯，北京：商務印書館，1995 年版。

68. 〔英〕哈耶克：《法律、立法與自由》第 1 卷，北京：中國大百科全書出版社，2000 年版。

69. 〔英〕斯蒂芬·鮑爾：《政治與教育政策制定——政策社會學探索》，王玉秋等譯，上海：華東師範大學出版社，2003 年版。

70. 〔德〕沃爾夫岡·布列欽卡：《教育科學的基本概念：分析、批判和建議》，胡勁松譯，上海：華東師範大學出版社，2001 年版。

71. 〔德〕沃爾夫岡·布列欽卡：《教育知識的哲學》，楊明全等譯，上海：華東師範大學出版社，2006 年版。

72. 羅伯物·G·歐文斯：《教育組織行爲學》（第 7 版），竇衛霖等譯，上海：華東師範大學出版社，2001 年版。

73. 〔美〕Ronald E. Koetzsch Ph.D.：《學習自由的國度——另類理念學校在美國的實踐》，薛曉華譯，上海：華東師範大學出版社，2005 年版。

74. 〔美〕邁克爾‧W‧阿普爾等：《國家與知識政治》，黃忠敬等譯，上海：華東師範大學出版社，2007 年版。

75. 霍益萍：《近代中國的高等教育》，上海：華東師範大學出版社，1999 年版。

76. 金以林：《近代中國大學研究：1895～1949》，北京：中央文獻出版社，2000 年版。

77. 吳嚮明：《美國高等院校招生制度研究》，北京：中國社會科學出版社，2008 年版。

78. 孫霄兵、孟慶瑜：《教育的公正與利益——中外教育經濟政策研究》，上海：華東師範大學出版社，2005 年版。

79. 張樂天：《高等教育政策的回顧與反思（1977～1999）》，南京：南京師範大學出版社，2008 年版。

80. 張曉唯：《舊時的大學和學人》，北京：中國工人出版社，2006 年版。

81. 任曉偉：《社會主義計劃經濟的歷史和理論起源》，北京：人民教育出版社，2009 年版。

82. 喬盛：《人才論》，北京：中共中央黨校出版社，2008 年版。

83. 趙亮宏：《高校招生改革的研究與實踐》，桂林：廣西師範大學出版社，1998 年版。

84. 蘇力：《制度是如何形成的》（增訂版），北京：北京大學出版社，2007 年版。

85. 〔美〕威廉‧劉易斯：《發展計劃：經濟政策的本質》，何寶玉譯，北京：北京經濟學院出版社，1988 年版。

86. 王文寅：《國家計劃與規劃：一種制度分析》，北京：經濟管理出版社，2006 年版。

87. 〔美〕斯蒂格利茨：《政府為什麼干預經濟：政府在市場經濟中的角色》，鄭秉文譯，北京：中國物資出版社，1998 年版。

88. 國家教育委員會學生管理司：《中國高考制度改革展望》，北京：高等教育出版社，1986 年版。

89. 唐佐明、黃國勳等：《高校招生體制改革》，桂林：廣西師範大學出版社，2000 年版。

90. 崔玉平：《高等教育制度創新的經濟學分析》，北京：北京師範大學出版社，2002 年版。

91. 何建明：《中國高考報告》，北京：新世界出版社，2009 年版。

92. 楊曉升：《高考向何處去：中國恢復高考三十年思考》，上海：文匯出版社，2007 年版。

93. 高軍峰、姚潤田：《新中國高考史》，福州：福建人民出版社，2009 年版。

94. 鄭超：《高考之痛：中國高考 1950～2006》，北京：東方出版社，2007 年版。

95. 〔美〕黃全愈：《「高考」在美國：旅美教育學專家眼中的中美「高考」》，北京：北京大學出版社，2003 年版。

96. 〔美〕雅克‧斯坦伯格：《高考門檻——美國名牌大學招生紀實》，張久琴等譯，北京：中國商務出版社，2005 年版。

97. 覃紅霞：《高校招生考試法治研究》，武漢：華中師範大學出版社，2007 年版。

98. 羅立祝：《高校招生考試政策研究》，武漢：華中師範大學出版社，2007 年版。

99. 劉海峰：《高考改革的理論思考》，武漢：華中師範大學出版社，2007 年版。

100. 唐瀅：《美國高校招生考試制度研究》，武漢：華中師範大學出版社，2007 年版。

101. 楊李娜：《臺灣地區大學入學考試制度研究》，武漢：華中師範大學出版社，2008 年版。

102. 劉清華：《高考與教育教學的關係研究》，武漢：華中師範大學出版社，2007 年版。

103. 李立峰：《中國高校招生考試中的區域公平研究》，武漢：華中師範大學出版社，2007 年版。

104. 王立科：《英國高校招生考試制度研究》，武漢：華中師範大學出版社，2008 年版。

105. 〔美〕托馬斯‧羅斯基：《戰前中國經濟的增長》，唐巧天等譯，杭州：浙江大學出版社，2009 年版。

106. 張民選：《高校招生考試制度改革研究》，上海：上海教育出版社，2008 年版。

107. 馬國川、趙學勤：《高考年輪：高考恢復三十年的民間觀察》，北京：新華出版社，2007 年版。

108. 林榮日：《制度變遷中的權力博弈——以轉型期中國高等教育制度爲研究重點》，上海：復旦大學出版社，2007 年版。

109. 趙岡、陳鍾毅：《中國經濟制度史論》，北京：新星出版社，2006 年版。

110. 陳紅民：《中華民國史新論》（經濟‧社會‧思想文化卷），北京：三聯書店，2003 年版。

111. 余秀蘭：《社會弱勢群體的教育支持》，北京：中國勞動社會保障出版社，2007 年版。

112. 〔美〕Carl R. Rogers, H. Jerome Freiberg：《自由學習》，伍新春等譯，北京：北京師範大學出版社，2006 年版。

113. 王國柱：《學習自由與參與平等：受教育權的理論和實踐》，北京：中國民主法制出版社，2009 年版。

114. 匡安榮：《經濟之道：道法自然與經濟自由》，上海：上海人民出版社，2007 年版。

115. 朱新梅：《政府干預與大學公共性的實現：中國大學的公共性研究》，北京：教育科學出版社，2007 年版。

116. 朱家存、阮成武：《政府職能轉變與學校運行方式的變革》，合肥：安徽教育出版社，2008 年版。

117. 朱蔭貴、戴鞍鋼：《近代中國：經濟與社會研究》，上海：復旦大學出版社，2006 年版。

118. 〔法〕埃德加·莫蘭：《複雜性理論與教育問題》，陳一壯譯，北京：北京大學出版社，2004 年版。

119. 王東傑：《國家與學術的地方互動：四川大學國立化進程（1925～1939）》，北京：三聯書店，2005 年版。

120. 陳遠：《逝去的大學》，北京：同心出版社，2005 年版。

121. 侯定凱：《中國大學的理性之路》，上海：華東師範大學出版社，2009 年版。

122. 楊東平等：《把脈中國高等教育》，長沙：湖南教育出版社，2008 年版。

123. 〔美〕多納德·E·海倫：《大學的門檻——美國低收入家庭子女的高等教育機會問題研究》，安雪慧等譯，北京：北京師範大學出版社，2007 年版。

124. 〔美〕埃爾查南·科恩：《教育券與學校選擇》，劉笑飛等譯，北京：北京師範大學出版社，2007 年版。

125. 〔英〕弗里德里希·奧古斯特·哈耶克：《通往奴役之路》，王明毅等譯，北京：中國社會科學出版社，1997 年版。

126. 〔奧〕路德維希·馮·米瑟斯：《自由與繁榮的國度》，韓光明等譯，北京：中國社會科學出版社，1995 年版。

127. 〔美〕羅伯特·諾齊克：《無政府、國家和烏托邦》，姚大志譯，北京：中國社會科學出版社，2008 年版。

128. 〔美〕馬克·布坎南：《隱藏的邏輯》，李晰皆譯，天津：天津教育出版社，2009 年版。

129. 〔英〕卡爾·波普爾:《二十世紀的教訓:波普爾訪談演講錄》,王凌霄譯,桂林:廣西師範大學出版社,2004 年版。

130. 王玉生:《蔡元培大學教育思想論綱》,北京:光明日報出版社,2007 年版。

131. 王穎:《杜威教育學派與中國教育》,北京:北京理工大學出版社,2007 年版。

132. 張雪蓉:《美國影響與中國大學變革(1915～1927):以國立東南大學爲研究中心》,北京:華齡出版社,2006 年版。

133. 張雁:《西方大學理念在近代中國的傳入與影響》,杭州:浙江大學出版社,2009 年版。

134. 金觀濤等:《控制論與科學方法論》,北京:新星出版社,2005 年版。

135. 〔美〕亨利·N·波拉克:《不確定的科學與不確定的世界》,李萍萍譯,上海:上海科技教育出版社,2005 年版。

136. 〔日〕松井範惇:《自由教育在美國》,申荷麗等譯,廣州:廣東教育出版社,2009 年版。

137. 王奇生:《黨員、黨權與黨爭:1924～1949 年中國國民黨的組織形態》,上海:上海書店出版社,2009 年版。

138. 盛懿等:《三個世紀的跨越:從南洋公學到上海交通大學》,上海:上海交通大學出版社,2006 年版。

139. 〔美〕大衛·鮑茲:《古典自由主義——入門讀物》,陳青藍譯,北京:同心出版社,2009 年版。

140. 〔美〕丹尼爾·史普博:《經濟學的著名寓言:市場失靈的神話》,餘暉等譯,上海:上海人民出版社,2004 年版。

141. 〔美〕約翰·康芒斯:《制度經濟學》,於樹生譯,北京:商務印書館,2009 年版。

142. 〔德〕柯武剛(Wolfgang Kasper)、〔德〕史漫飛(Manfred E. Streit):《制度經濟學:社會秩序與公共政策》,韓朝華譯,北京:商務印書館,2000 年版。

143. 賈馥茗:《教育的本質——什麼是眞正的教育》,北京:世界圖書出版公司,2006 年版。

144. 王凱旋:《明代科舉制度考論》,瀋陽:瀋陽出版社,2005 年版。

145. 韓榮華:《新學習革命》,上海:上海三聯書店,2008 年版。

146. 〔美〕喬爾·斯普林格:《腦中之輪:教育哲學導論》,賈晨陽譯,北京:北京大學出版社,2005 年版。

147. 〔美〕狄克遜・韋克特：《大蕭條時代：1929～1941》，秦傳安譯，北京：新世界出版社，2008 年版。

七、期刊論文

1. 高耀明：《民國高校招生考試述略》，《高等師範教育研究》，1997 年第 4 期。

2. 冉春：《民國時期高校統一招生及其意義》，《四川教育學院學報》，2003 年第 9 期。

3. 房列曙：《民國時期高校考試制度的歷史考察》，《安徽師範大學學報》，2004 年第 5 期。

4. 劉清華：《民國時期高校招生考試與學校教育的關係》，《寧波大學學報》，2004 年第 10 期。

5. 張亞群：《從單獨招考與統一招考——民國時期高校招生考試變革的啓示》，《中國教師》，2005 年第 6 期。

6. 楊李娜：《民國時期的大學招考制度及其影響》，《漳州師範學院學報》，2005 年第 4 期。

7. 鄭剛、黃文忠：《南京國民政府時期高校招考制度的歷史考察》，《湖北招生考試》，2008 年第 8 期。

8. 張太原：《20 世紀 30 年代的文實之爭》，《近代史研究》，2005 年第 6 期.

9. 陳德軍：《南京國民政府初期文科與實科比例失衡的社會政治效應》，《史學月刊》，2004 年第 6 期。

10. 閻書欽：《抗戰時期經濟思潮的演進——從計劃經濟、統制經濟的興盛到對自由經濟的回歸》，《南京大學學報》（哲學人文科學社會科學版），2009 年第 5 期。

11. 張雲江：《弄潮詩人康白情》，《文史天地》，2006 年第 9 期。

12. 田炯錦：《五四的回憶與平議》，臺灣《傳記文學》，第 15 卷第 3 期。

13. 任繼愈：《有關蔡元培校長幾則軼事》，《北京大學學報》（哲學社會科學版），1998 年第 2 期。

14. 陳顧遠：《蔡校長對北大的改革與影響》，臺灣《傳記文學》，第 31 卷第 2 期。

15. 李書華：《七年北大》，臺灣《傳記文學》，第 6 卷 2 期。

16. 羅久芳口述，李菁整理：《三十一歲的清華大學校長——憶我的父親羅家倫》，《文史博覽》2007 年第 1 期。

17. 林齊模等：《胡適出任北京大學文學院院長的經過》，《安慶師範學院學報》（社會科學版），2009 年第 1 期。

18. 劉惠莉《「吳晗『數學考零分、破格進清華』」說辨析》,《清華大學學報》（哲學社會科學版）,2010 年第 4 期。

19. 羅志田:《無名之輩改寫歷史:1932 年清華大學入學考試的作文題爭議》,《歷史研究》,2008 年第 4 期。

20. 羅志田:《斯文關天意:1932 年清華大學入學考試的對對子風波》,《近代史研究》2008 年第 3 期。

21. 沈慧瑛:《才女張充和》,《檔案與建設》,2005 年第 3 期。

22. 陳孝全:《朱自清年譜》,《棗莊師專學報》,1995 年第 1 期。

23. 裴春芳:《關於張充和先生的生日、假名及其他——答商金林先生》,《名作欣賞》,2011 年第 28 期。

24. 張昌華:《最後的閨秀——張充和先生剪影》,《江淮文史》,2007 年第 5 期。

25. 高平叔:《蔡元培與五四運動》（上）,《民國檔案》,1986 年第 2 期。

26. 高平叔:《北京大學的蔡元培時代》,《北京大學學報》（哲學社會科學版）,1998 年第 2 期。

27. 鄭大華、張英:《論蘇聯「一五計劃」對 20 世紀 30 年代中國知識界的影響》,《世界歷史》,2009 年第 2 期。

28. 張寄謙:《嚴復與北京大學》,《近代史研究》,1993 年第 5 期。

29. 青士:《國聯教育考察團報告書中之中國大學教育》,《教育與職業》,1933 年 4 月,第 144 期。

30. 薛迅:《「九一八」事變後北平學生南下請願鬥爭》,《青運史研究》,1984 年第 3 期。

31. 倪鋒、申春:《九一八事變後北平學生南下示威紀事》,《縱橫》,2001 年第 9 期。

32. 左雙文等:《九·一八事變後學生的請願示威與南京國民政府的應對》,《學術研究》,2006 年第 7 期。

33. 陳廷湘:《政局動盪與學潮起落——九一八事變後學生運動的樣態與成因》,《歷史研究》,2011 年第 1 期。

34. 王勇:《打蔡元培耳光的北大女生》,《文史博覽》,2009 年第 6 期。

35. 鄭會欣:《戰前「統制經濟」學說的討論及其實踐》,《民國研究》,2006 年第 1 期。

36. 鍾祥財:《20 世紀三四十年代中國的統制經濟思潮》,《史林》,2008 年第 2 期。

37. 黃明喜:《五四新文化運動與早期師範教育變革》,《華南師範大學學報》（社會科學版）,2002 年第 6 期。

38. 黃明喜:《論中國現代教育的萌生——一種基於教育形態範式的教育史學闡釋》,《河北師範大學學報》(教育科學版),2009 年第 3 期。

八、學位論文

1. 薛成龍:《近代中國高校招生考試研究》,廈門:廈門大學碩士學位論文,1999 年。

2. 單雲蘊:《民國時期高校招生制度及其現代價值》,南京:南京師範大學碩士學位論文,2009 年。

3. 王岩:《南京國民政府時期高校招生制度研究》,南京:南京師範大學碩士學位論文,2009 年。

4. 劉清華:《高考與學校教育的關係研究》,廈門:廈門大學博士學位論文,2003 年。

5 胡向東:《民國時期中國考試制度的轉型與重構》,武漢:華中師範大學博士學位論文,2006 年。

6. 鄭若玲:《考試與社會關係之研究——以科舉、高考爲例》,廈門:廈門大學博士學位論文,2006 年。

7. 金松:《我國普通高校現行招生制度改革研究》,長春:東北師範大學博士學位論文,2005 年。

8. 丘愛玲:《我國大學聯招政策變遷之研究(1954~1997)》,臺北:國立臺灣師範大學博士學位論文,1998 年。

9. 韓文具:《試論抗戰期間湖北省的「計劃教育」》,武漢:華中師範大學碩士學位論文,2009 年。

後　記

　　在 1980 年代初 · 個中秋節的晚上，吃過晚飯後，人們陸續來到一個大院子裏賞月聊天 · 在一位年紀稍長的堂姐提議下，我們這些小孩子開始玩一項傳統的遊戲，名稱似爲「請仙姑」，即每個人都對著月亮許個願，然後再利用一種自定的檢驗方法，看看誰的願望最有可能會實現 · 當時，我們的檢驗方法大概是這樣的：用 · 個竹了編製的枕頭當道具（大概是將其當作幫助或判斷人們能否實現願望的月亮女神，當時我們將這種方法稱爲請「仙姑」下凡），並請兩位長輩將枕頭扶著豎起來，然後各個小孩輪流許願，每當一個小孩許完一次願後，原來扶著枕頭站立的長輩就突然放鬆對枕頭的人爲控制，讓它朝著月亮的方向隨意地搖晃，然後，再根據它搖晃的幅度（我們稱之爲「點頭」，表示贊許的意思）來判斷剛才所許的願望是否有可能會實現 · 判斷的標準大概是，如果這位「仙姑」朝月亮「點頭」的幅度越大或「點頭」的次數越多，那麼就表示這個願望就越有可能會實現 · 我至今很清楚地記得，當時我有一個明確的願望，就是長人後要當「博士」，而當我許完這個願之後，月亮「仙姑」大幅度的點頭明確無誤地告訴大家，我的這個願望完全可以實現！家族中的好幾位長輩都表現出贊同的態度 · 這在當時讓我感到特別開心 · 也許在其他人看來，我們當時的這種許願活動不過是一個遊戲，不能太當眞 · 可是我現在仔細回想一下，幾十年來，我其實還是在很大程度上將這個童年的遊戲當眞了 · 至少，我想通過努力成爲博士的願望是眞實的 · 因爲長大後，我對兒時許過的許多願望大多已經淡忘，但對那個自己應該努力成爲「博士」的願望似乎情有獨鍾，一直難以忘懷 ·

幸運的是，隨著這篇博士學位論文的基本完成，我童年的那個願望似乎也即將實現。這當然是令我感到高興的事。回顧當年的遊戲和自己的求學歷程，我不知道當年的月亮「仙姑」有沒有切實履行自己的承諾，是否眞的一直在幫助我實現當年的心願，但我確切地知道，在努力實現自己願望的過程中，許多不是神仙的凡人給了我巨大的支持和實際的幫助！因此，在開心之餘，我應當感謝所有關心、支持和幫助過我的人。在我追尋自己夢想的過程中，我的家人做出了巨大的努力和犧牲，我的老師們付出了無數的辛勞和汗水，我的朋友和同學們也給予了大力的支持和幫助！

因此，每當回想自己的求學經歷，對於人們給予的支持和幫助，我的心中都不禁充滿無限的感激之情。

在這裡，我首先要特別感謝我的導師袁徵教授，正是在袁老師的悉心指導、督促和大力幫助下，這篇論文才得以順利完成。可以說，從選題到收集資料，再到論文寫作和定稿，整個過程無不凝聚著袁老師的心血和汗水。這些年來，袁老師那種平易近人的教學風格、嚴謹的治學態度及追求卓越的創新精神常常讓我不得不深感歎服，他的循循善誘和諄諄教誨無疑使我受益無窮，我一直非常慶幸自己遇上了這樣的好導師。

同時，我要感謝我攻讀碩士學位期間的導師黃明喜教授，他的教誨使我受益終生。當然，我也非常感謝給我授過課的張俊洪老師、扈中平老師和董標老師，他們淵博的學識、深刻的洞察力和專業的教學工作總是讓我感覺受益匪淺，同時又激發我不斷努力學習和積極進取的熱情，我的進步自然也離不開他們的指導和幫助。這幾位老師的教誨使我受益無窮，令我永誌難忘。我對上述各位老師總是充滿無限的敬意和感激！

接下來，我應該感謝我的家人和親友。多年來，如果沒有父母和其他家人及親友們的大力支持和幫助，我不可能安心地坐在教室和圖書館從容地學習和研究。在這裡，我特別要感謝我的妻子林家春，她不僅是一名稱職的中學教師，還承擔了幾乎全部的家務，再多的華麗言辭也不足以表達我對她的敬意和感謝！另外，我女兒肖安琪的出色表現也常常讓我感到非常開心，特別是當我的研究正處於最困難之際，她用英語向我發來了生日祝福的短信！她的懂事和進步在常常令我感到驚喜的同時，無疑也給了我克服困難的巨大精神動力！

　　然後，我要感謝吳科達、許文果、梁爾銘、石龍、喻忠恩和牛麗玲等各位博士學長。這幾位師兄師姐不僅是我學習的榜樣，還給了我不少實際的幫助，我在此向他（她）們表示感謝！

　　同時，我還要感謝肖紹明、李賢、徐巍、吳林、劉娟、宋黎、吳曉琳、楊永炎、鄭曉亮、宋玉龍等同學，他（她）們的支持和幫助常常使我感動不已，同學之間的討論、辯論和爭論也總是令人愉快和難忘！

　　我常常慶幸自己在攻讀博士學位期間遇上了上述各位熱心、善良和優秀的老師和同學！沒有大家的幫助，我也不可能順利地完成這篇博士論文。

　　在此，值得一提的是，我本來打算用五年時間完成攻讀博士學位期間的學習和研究工作，因為我內心似乎並不願意只為獲得一個學位而學習，但是，現實總是和理想有著巨大的鴻溝，世事的迅速變化使我不得不放棄原定的學習和研究計劃。在「壓力山大」的形勢逼迫之下，我只好設法提前完成這篇論文的寫作。幸好有導師袁徵教授的悉心指導、不斷鼓勵和大力幫助，再加上家人、親友和同學的支持和督促，才使我的「五年計劃」提前一年完成，從而也使我童年的心願得以提早一年時間實現。

　　因此，在這裡，我要向各位恩師、家人、親友、師兄師姐和同學表達我最崇高的敬意和最誠摯的謝意！同時也非常感謝對本書進行評審並提出寶貴意見的各位專家，感謝在論文寫作過程中幫助過我但未在上文提及的其他人，特別是華南師範大學圖書館的老師們。這本書不僅僅包含我一個人的努力，更凝聚了許多人的心血。

　　同時，在這裡，我想有必要不斷地提醒自己，我自己以前的願望可能不僅僅是獲得一個博士學位，而是成為一名真正的博學之士，因為，在 1980 年代初，「博士」在我們鄉下人眼裏可以說是崇高無比的一種稱號，「博士」主要是指知識淵博的學問家，而往往與學位或名義無關。如此對照一下，我現在離真正的「博士」（即「博學之士」）標準還差得遠呢！因此，我必須提醒自己，由於自己天資魯鈍，才疏學淺，努力不夠，積累有限，如果以後不加倍努力，恐怕永遠無法成為一名真正優秀的「博士」。

　　記得思想家顧炎武曾說過：「君子之學，死而後已」，「有一日未死之身，則有一日未聞之道」。為了不辜負大家對我的期望，也為了實現自己真正的心願，我以後應當繼續努力，爭取當一名真正的博學之士，並適當利用自己所學，為社會的進步做出自己應有的貢獻。

　　最後，回到本文的論題，我想藉此機會許下一個新的願望：衷心希望並祝願中國的高校招生制度改革能夠取得成功，通過建立合理的高校招生管理制度，使高校享有更大的招生自主權，同時也讓廣大考生享有更多的選擇自由。當然，這個願望的實現可能也不會有神仙來幫忙，但是，如果人們能夠認真地吸取歷史的經驗和教訓，並虛心學習其他國家的先進做法，同時結合中國的實際情況，應當可以找到並建立一種比較合理的高校招生制度。這就需要教育學術界更加廣泛的討論和更加深入的研究，也需要社會各界齊心協力，共同努力。只要大家的心足夠誠，並不斷努力去爭取進步，我想這個願望應該能夠實現。

　　人們常說，心誠則靈，我也相信，心之所願，無所不成！齊心協力，定能眾志成城！

2012 年 4 月 25 日於廣州華南師範大學

2017 年 9 月修改於贛州贛南師範大學